QUELLENNACHWEIS

)ie Fotos dieses Bildbandes sind ca. 50 Jahre alt. Es ist daher erklärlich, daß sich die Besitzer der Bilder icht immer feststellen ließen. Soweit möglich, haben wir nachstehend die Fotografen, sonst die Einsender ıfgeführt. Wir haben Bilder veröffentlicht von:

Instituten und Verbänden

Archiv des Bundes Deutscher Fallschirmjäger e.V.; Archiv Koninglijke Luchtmacht, Niederlande; Archiv der Luftlande-Lufttransport-Schule; Bundesarchiv; Redaktion "Der Deutsche Fallschirmjäger"; Stabsstaffel K.G. 4 "General Wever"; Warcom Foto Laboratory, USA.

Kriegsberichterstattern

bis auf ganz wenige Ausnahmen sind alle ihre hier veröffentlichten Fotos "Militärisch und politisch icht zensiert" und bis auf wenige bisher unveröffentlicht. Es sind daher keine "Propaganda"-Auf hmen.)

Dahm, Groß, E. Grunwald, O. Haas, von der Heide, H. Hoffmann, Kappe, E. Lange, Pirath, Schnit E. Seeger, Dr. Stocker, J. Visang, Zincke.

eraden

ekman, P. Bender, Dr. v. Berg, Prof. Bliss, K. H. Carsten, H. Dochow, G. Emrich, W. Ewald ıl, A. Genz, W. Gericke, H. Groth, G. Hartmann, Dr. E. M. Kemnitz, Kleinebekel, F. Knobloch epf, G. Löhndorf, Dr. G. Müller, Dr. L. Müller, R. Müller, F. Neumeier, J. Nüsser, K. Peters biger, W. Pissin, W. Reinhardt, H. Remm, A. von Roon, E. Sachse, K. H. Sander, B. Schram ers, A. Strauch, C. Graf von Sponeck, H. Trettner, R. Witzig, R. von Zimburg.

ung und Einsatzübersicht ist vom Kameraden Willi Kammann erarbeitet und zur Verfügung len.

5 ·
die des auszugsweisen Nachdrucks, beim
ag GmbH, Markt 9, 6360 Friedberg 3
di Mangold
Freiburger Graphische Betriebe, 7800 Freiburg
-2

Arnold von Ro

DIE BILDCHRON
D
FALLSCHIRMTRU
1935–1

Von den

der Ausbildung,

PODZUN-PALL

1

2.

F
ze

3. Ka

F.
W.
R.
G.
A. S

Die Glied
gestellt wo

Podzun-Pallas-Ve
Composersatz: He
Gesamtherstellung
ISBN: 3-7909-024

INHALT

GELEITWORT

von General a. D. Heinz Trettner

Um eine Vergangenheit innerlich zu verarbeiten, bedarf es eines ausgewogenen, wohlfundierten Geschichtsbewußtseins, das einen in die Lage versetzt, alle Versuche fremdbestimmter Umerziehung ebenso wie alle kritiklose Verherrlichung zu erkennen, zu analysieren und abzuweisen.
Es ist zweifellos ein Unglück, daß die Bundesrepublik Deutschland – wegen welcher Einflüsse auch immer – eine lange Periode ausgesprochener Geschichtsfeindlichkeit hat durchmachen müssen.
In jüngster Zeit ist man bestrebt, verschiedene Irrtümer in den Leitlinien der Kultusministerien für die Lehrpläne vieler Schulen zu korrigieren, um so den Folgen der Geschichtsunkenntnis entgegenzuwirken.
Es ist nämlich offenkundig geworden, daß die mancherorts an Stelle des Geschichtsunterrichts gelehrte Gemeinschaftskunde den Jugendlichen ein klares Geschichtsbild nicht zu vermitteln vermochte. So fehlt dann vielfach die Voraussetzung, um eine zutreffende Beurteilung der Gegenwart zu ermöglichen und den Geist aktiver Mitarbeit am Gemeinwohl heranzubilden.
Stattdessen hat sich ein utopisches Denken breitgemacht, das vielfach zu völligem Realitätsverlust und zum Entstehen irrationaler "Bewegungen" beigetragen hat. Das Ausmaß dieser negativen Entwicklungen muß uns besorgt stimmen, weil es Stabilität und Handlungsfähigkeit unseres Staates beeinträchtigt. Nach dem Urteil von Pädagogen und Theologen sind heute Millionen von jungen Menschen überhaupt nicht mehr ansprechbar und diskussionsfähig, weil sie völlig im Bann emotionaler Voreingenommenheit stehen.
Hinzu kommt, daß die bedenkliche Wirkung der Medien mit ihren visuellen Möglichkeiten, in breiten Schichten der Bevölkerung das Bedürfnis zu lesen und die Freude an Büchern verdrängt hat. Die Faszination des mühelosen "Zusehens" ersetzt weithin den ernsthaften Umgang mit Wort und Schrift. Beiden vorgenannten Sachverhalten trägt der Autor dieses Buches Rechnung. Er befaßt sich mit einem überschaubaren, genau abgegrenzten Zeitabschnitt unserer jüngeren Geschichte, nämlich dem Werdegang und Schicksal der deutschen Fallschirmtruppe im Zweiten Weltkrieg. Der Leser wird nicht durch langatmige wissenschaftliche Abhandlungen abgeschreckt, stattdessen werden über 500 authentische, aus jener Zeit stammende Bilder, die in diesem Buch veröffentlicht worden sind, fachkundig dokumentiert. Bei der Betrachtung der Bilder wird der Leser von den kurzen, verbindenden Texten begleitet, die in verständlicher Art die Hintergründe und Zusammenhänge darstellen.
Der Autor selber hat als Fallschirmspringer, Truppenführer und Generalstabsoffizier in der Fallschirmtruppe mit Auszeichnung gedient.
Man nannte diese Truppe zu Recht eine Elitetruppe. Sie bestand nur aus Freiwilligen, die einer strengen Auswahl unterlagen und durch eine sehr harte Ausbildung gingen. Beide Kriterien bewirkten, daß es den berühmten "Einsamen Soldaten" in den Fallschirmverbänden so gut wie gar nicht gab.
Mit dieser Dokumentation wird nun ein Band vorgelegt, der für die Überlebenden dieses Krieges zu einem ernsten Erinnerungsbuch werden wird und ihnen Antwort auf vieles zu geben vermag, was sie als unbeantwortete Fragen in ihren Herzen tragen. Das Buch zeigt die schweren Jahre – verbracht im gemeinschaftlichen Kampf für das Vaterland und in denen sich die Soldaten in unbegrenzter Opferbereitschaft bewährten.
Für die Jüngeren, die den Krieg nicht erlebt haben, ist dieser Bildband eine unvergleichliche Informationsquelle. Er zeichnet das Bild der damals jüngsten und modernsten Waffengattung der Wehrmacht, die insofern ein Phänomen darstellt, als sie trotz erheblicher technischer Unzulänglichkeiten und Improvisationen überragende Leistungen aufzuweisen hat – besonders auch in den letzten Jahren des Krieges, als längst keine Fallschirmeinsätze mehr denkbar waren.
An dieser Truppe kann nachgewiesen werden, daß der kameradschaftliche Geist wichtiger ist als die Materie und daß auch die vollkommenste Technik ohne fehlende Einsatzbereitschaft nicht wirksam ist. Diese alte Lehre wird über alle Zeiten hinweg ihre Gültigkeit behalten.
Dieses Buch entstand auch aus Dankbarkeit gegenüber den vielen Gefallenen der Fallschirmtruppe. Es ist ein lebendiger Beweis für eine Kameradschaft, die über den Tod hinaus Bestand hat. Hiervon Zeugnis abgelegt zu haben, ist der große Verdienst der vorliegenden Dokumentation.

Zu dieser Dokumentation

Vielen Bildern dieser Dokumentation wird man ansehen, daß sie unter Lebensgefahr gemacht sind. Ich denke nicht nur an den Kriegsberichter von der Heide, der – auf der Brücke von Korinth stehend – im Feindfeuer filmte und der, als eine Flakgranate die schon ausgebauten Sprengladungen zufällig traf, immer noch filmend mit der berstenden Brücke 60 Meter tief in den Tod stürzte. Der geborgene Film wurde 1941 in der Wochenschau der Kinos gezeigt – bis hin zur Todesspirale der letzten Bilder. Aber nicht nur berufsmäßige Kriegsberichter, auch viele Kameraden aus der Truppe haben fotografiert und Aufnahmen gemacht, die heute historische Dokumente sind. Auf solche, bisher unbekannte Bilder stützt sich der vorliegende Band hauptsächlich.
Wir müssen hier den Kameraden, die ihre Fotos als persönliche Erinnerung gut gehütet haben, besonders danken, daß sie uns ihr Material zur Verfügung gestellt haben. Besonderer Dank an Frau U. Müller, die uns Hunderte von eindrucksvollen Fotos aus dem Nachlaß ihres Mannes, unseres alten Kameraden Oberstabsarzt Dr. Günther Müller, übergab.

Dr. Günther Müller (links) und Major Herrmann, der schon am Fallschirm schwebend, auf Kreta schwer verwundet wurde und zeitweise erblindete. Geführt von Kameraden befehligte er seine Einheit weiter im Gefecht.

Dr. Günther Müller (left) and Major Herrmann who was badly wounded whilst coming down on his parachute and blinded for a time. Led by his colleagues, he carried on commanding his unit in the battle.

Aus mehreren Tausend Fotos haben wir eine Auswahl zusammengestellt, die ohne Pathos die Besonderheiten der alten deutschen Fallschirmtruppe und ihr Leben und Leiden im Kriege zeigen soll. Diese Bilder sind nicht zu Propagandazwecken aufgenommen, sie sind deshalb vielleicht nicht so sensationell, dafür aber wahrhaftig.
Sehr viele Soldaten, die wir auf den Bildern sehen, sind im Verlauf späterer Kämpfe gefallen, denn die Fallschirmjäger haben besonders hohe Opfer gebracht – nicht nur in ihren Sprungeinsätzen, sondern, weil sie als einsatzbereite und zuverlässige Truppe stets in die Brennpunkte der Kämpfe geworfen wurden. Die Opfer der Gefallenen zu ehren, die Leiden der Verwundeten zu würdigen und die Leistungen aller Fallschirmjäger in Erinnerung zu rufen, ist Sinn dieser Veröffentlichung. Das ist keine Glorifizierung dieser Männer und ihrer Taten, keine Verherrlichung des Krieges und seiner Parolen. Alle, die wir den Krieg erlebt haben, können ihn nicht vergessen: die persönliche Angst, die Schreie der Verwundeten, die Bomben, die brennenden Häuser, der tägliche Dreck in nassen Löchern, in nassen Klamotten, die Läuse, die Sorge um Haus und Hof daheim – nein, wir können den Krieg nicht verherrlichen!
Die häufige Begegnung mit dem Tod führte aber auch zu überschäumender Lebensfreude. Die enge Schicksalsgemeinschaft in inhumaner Zeit führte zu guter Kameradschaft, gegenseitiger Hilfsbereitschaft und so treuer Freundschaft, wie man sie in normalen Tagen nicht erlebt. Auch das soll nicht vergessen sein!
Die Fotos und Dokumente sind umrahmt durch kurze Rückblicke auf die Geschichte und kommentiert durch Texte, die auch Unbekanntes erzählen. So soll Glanz und Elend der alten deutschen Fallschirmtruppe auch für die deutlich werden, die den Krieg nicht mehr erleben mußten.
Eindrücke des Krieges sind für seine Teilnehmer unvergeßlich. Sie haben den Charakter der Überlebenden geformt und dadurch auch die Nachkriegszeit mitgestaltet. Die Jugend, die im Krieg so hart hat kämpfen müssen, hat in ihren Mannesjahren Deutschland dann wieder aufgebaut – nicht nur die Städte und Fabriken, auch das Leben in Freiheit, in Demokratie.

Im Krieg entstandene Kameradschaft führt bis zum heutigen Tag die Veteranen immer wieder zusammen. So stark ist die Verbundenheit, daß sie längst schon die alten Fronten des Krieges überwunden hat und in selbstverständlicher Solidarität frühere Gegner zu Kameraden, ja zu Freunden gemacht hat. Auf den großen Treffen des "Bundes Deutscher Fallschirmjäger" sind Soldaten aus der ganzen Welt zu Gast. Alle gedenken dann ihrer Gefallenen und beten, in Erinnerung des schrecklichen Krieges, für den Frieden . . .

Kriegsberichter in vorderster Front.

War correspondent right at the front.

ERSTER ANFANG UND SCHON DIFFERENZEN

1935 führten die Russen große Manöver ihrer Streitkräfte durch, bei denen annähernd 1.000 Fallschirmsoldaten und 2.500 Luftlandesoldaten eingesetzt wurden. Angeregt von diesem Beispiel dachte man auch in der neuen deutschen Wehrmacht, die sich seit März 1935 in Aufstellung befand, über die Idee von Luftlandungen nach. Das Heer war skeptisch, doch in der Luftwaffe stand der Chef des Generalstabes, General Wever, solchen Gedanken aufgeschlossen gegenüber. Auf seine Anregung beschloß der Oberbefehlshaber der Luftwaffe, General Göring, in dem früheren Polizeiregiment, das seinen Namen trug und das – entgegen Hitlers ursprünglichem Befehl – nicht in das Heer, sondern auf Beharren Görings in die Luftwaffe übernommen war, ein Bataillon "Fallschirmschützen" auszubilden.

Oberstleutnant Jacoby, Kommandeur des Regiments "General Göring" wollte nicht, daß sich seine Soldaten zu dieser Ausbildung meldeten, ohne zu wissen, was sie tun. Er ließ das ganze Regiment zur Vorführung eines Fallschirmabsprungs nach Jüterbog fahren, wo auf dem Übungsplatz ein früherer Sportspringer, der jetzt Gefreiter im neuaufgestellten Fallschirm-Ausbildungskommando war, aus einer W 34 absprang. Er landete recht unglücklich und verletzte sich so, daß er mit einem Sanitätsfahrzeug abtransportiert wurde. Trotz dieser fatal mißglückten Vorführung meldeten sich in den folgenden Tagen mehr als 800 Soldaten freiwillig zur Sprungausbildung! – Eine f r e i w i l l i g e Meldung blieb übrigens stets Voraussetzung zu einer Sprungausbildung.

Nachdem im "Ausbildungskommando Immans" (benannt nach dem Kommandeur, Hptm. Immans, einem der ersten Springer) die technischen Vorbedingungen schnell geklärt wurden, begann die Ausbildung im Sprungdienst, und schon am 4. Juli 1936 erhielt der "Sprungschüler" Bruno Bräuer (er war Major und Kommandeur des auszubildenden Bataillons) den "Fallschirmschützenschein Nr. 1".

Oberstleutnant Jacoby stellte sich vor, daß sein Regiment im Laufe der Zeit zu einer Truppe werden sollte, die zu längerem Einsatz befähigt, teils mit Fallschirm abgesprungen, teils mit Flugzeugen gelandet, zu selbständigem Kampf hinter den feindlichen Linien geeignet war. Diese Gedanken eilten aber ihrer Zeit weit voraus! Als beständiger Verfechter dieser modernen Idee wurde er seinen Vorgesetzten bald unbequem. Nachdem General Wever bei einem Flugunfall abgestürzt und tödlich verletzt war, wurde Jacoby von der Regimentsführung abgelöst. Sein Nachfolger wurde Oberstleutnant von Axthelm. Dieser war zuvor beim Inspekteur der Flakartillerie Gruppenleiter und hatte zuerst das Bestreben, d i e s e Waffengattung zu fördern. Der Gedanke an selbständig kämpfende Fallschirm- und Luftlandeeinheiten wurde in den Hintergrund geschoben, und es setzte sich – soweit man sich überhaupt mit solchen Gedanken beschäftigte – die Auffassung durch, daß eine Fallschirmtruppe höchstens zu "Zerstörtrupp-Aufgaben" im Hinterland des Feindes befähigt sei: Kleine Einheiten sollten einzelne Produktionsstätten oder wichtige Kunstbauten vernichten – also Aufgaben, die später als sogenannte "Kommandounternehmen" bekannt geworden sind.

Im Frühjahr 1937 – als die Luftwaffe schon über ihr erstes ausgebildetes Fallschirmbataillon, über eine Fallschirmpionier-Kompanie und über die gut funktionierende Fallschirmschule verfügte – stellte auch das Heer eine Fallschirminfanterie-Kompanie als Versuchstruppe auf.

Oberstleutnant (hier als Oberst) F. W. Jacoby war Kommandeur des Regiments "General Göring" (1934 bis 1936). Unter seinem Kommando entstanden die ersten Fallschirmjäger-Einheiten in diesem Regiment.

Lt. Col. (here as Colonel) F. W. Jacoby was commander of the "General Göring" Regiment (1934 – 36).

Ein begehrtes Dokument: Der Fallschirmschützenschein

Fallschirmschützenschein
Nr. 8/36
für Feldwebel Heinz Dochow
geboren: 28.6.1911
Diensteintritt: 6.4.1933
Truppenteil: Pol. Schule Brandenburg
Inhaber ist befördert:
Fliegergruppe (F) Stendal
12 Juli 1937

Der Inspekteur der Infanterie, Generalmajor Ott, übergibt die Standarte des Fallschirm-Infanterie-Bataillons an den Kommandeur, Major Heidrich, später Kommandeur der 1. Fallschirm-Division und des I. Fallschirm-Korps.

The Inspector of Infantry, Maj.Gen. Ott, hands over the Standard of the Parachute Battalion to its commander, Major Heidrich, later commander of the 1st Parachute Division and of I Parachute Corps.

Die Auffassung des Heeres tendierte dahin, in engster Zusammenarbeit mit der übrigen Kampftruppe, wichtige Punkte, etwa Brücken oder Engen, durch die Fallschirmtruppe als "Vorausabteilung" zu besetzen. Analog der verschiedenen taktischen Auffassungen von Heer und Luftwaffe – "Zerstörertrupp" oder "Vorausabteilung" – wurden die Fallschirmschützen auch im ersten großen Wehrmachtsmanöver 1937 verwendet: Die Fallschirminfanterie-Kompanie besetzte eine Enge zwischen zwei Seen hinter der angegriffenen Feindfront, während die Springer der Luftwaffe, in kleine Abteilungen aufgeteilt, "Kommandounternehmen" durchführten. Wenn auch der sehr positive Verlauf dieser Fallschirmeinsätze der Luftlande-Idee wieder einigen Auftrieb gab, blieben sich die Führungsstäbe von Heer und Luftwaffe in einem einig: größere, selbständige Kampfaufgaben mit operativer Bedeutung schienen beiden Stäben weiterhin utopisch! Zur Bewertung dieses Urteils muß man bedenken, daß Heer und Luftwaffe mit der Bewältigung der von Hitler geforderten Entwicklungs- und Aufstellungsvorhaben völlig überlastet waren. Im Rahmen ihrer Tagesarbeit konnte eine Beschäftigung mit der Idee von Luftlandungen keine Priorität haben.

Die vorsichtige Beurteilung neuer Kampfmittel durch das Heer beruhte auch auf einer traditionsbedingten Einstellung, während die Luftwaffe dabei großzügiger war, hatte sie doch – um nur ein äußerliches Beispiel zu nennen – zur Uniform schon Schlips und Kragen eingeführt!

Bei einer Übung, die 1939 stattfand, sollte die Zusammenarbeit von Heer und Fallschirmtruppe erprobt werden. Die Führung der Fallschirmtruppe (damals schon General Student) griff zu einer neuartigen Kriegslist: Man warf im Rücken des anmarschierenden Feindes "Fallschirm-Puppen" ab, die mit automatischen Knallkörpern versehen, nach der Landung sofort einen echten Gefechtslärm vortäuschten. Dieser Puppenabwurf brachte den Gegner vollständig durcheinander und eine Wende zugunsten der später landenden "lebendigen" Fallschirmjäger! Charakteristisch ist die Äußerung der beiden ranghöchsten anwesenden Herren von Heer und Luftwaffe: Der damalige Staatssekretär im RLM, General Milch, den ich bei dieser Übung zu führen hatte, sagte: "Roon, führen Sie mich sofort zu General Student, ich muß ihn zu dieser ausgezeichneten Idee beglückwünschen!" – General Kluge, der spätere Feldmarschall, meinte dagegen bei der Abschlußbesprechung zum Puppenabwurf, obwohl er vom Einsatz der Fallschirmjäger sehr beeindruckt war: "Student, mit solchen Mätzchen können Sie aber keinen Krieg gewinnen!"

Für den Exponenten des Heeres paßten eben ungewöhnliche Ideen weniger in das taktische Konzept, während die Luftwaffe Neuheiten gegenüber aufgeschlossener war. Vielleicht war es gar nicht so schlecht, daß die neue Fallschirmtruppe – entgegen den sachlichen Erfordernissen – innerhalb der Luftwaffe entstand? Im Verlauf des Krieges – als die Fallschirmtruppe im Erdkampf verschlissen wurde – entstanden aus diesem Unterstellungsverhältnis viele Schwierigkeiten, besonders hinsichtlich Ausbildung und Ausrüstung.

Während die Entscheidung über die zweckmäßigste Einsatzform der Fallschirmtruppe noch ausstand, wurde vom Heer Mitte 1938 die Vergrößerung der Fsch.Inf.Kp. zu einem Bataillon befohlen.

Kurz zuvor hatte das Fallschirmbataillon des Regiments "General Göring" am Einmarsch in Österreich teilgenommen. Es wurde mit Ju 52 auf dem Flughafen Graz gelandet.

Der Anschluß Österreichs hatte die Lage verändert: Hitler bereitete schon die Besetzung des Sudetenlandes vor!

Die Bataillons-Fahne des I./Fallschirmjäger-Regiment 1 beim Einzug in die Garnison Stendal (April 1938). Fähnrich: Ofw. Weiland, Fahnenoffiziere: Lt. Schmidt (links) und Genz.

The Battalion Colour of the 1st Battalion of Parachute Regiment 1 during its entry into its garrison town, Stendal (April 1938). Colour bearer: Sgt.Maj. Weiland, Colour officers: Lts. Schmidt (left) and Genz.

Oberleutnant Zahn (rechts dahinter Lt. Pelz).

DIE FALLSCHIRMINFANTERIE-KOMPANIE

The Parachute Infantry Company

Göring zwischen General Milch und General Student bei einer Übung. Martialisch hat sich Göring die Mützenkordel unter das Kinn gezogen!

Göring between General Milch and General Student on manoeuvres. Göring ist wearing his hat cord under the chin in true military fashion!

Hohe österreichische Offiziere begrüßen die deutsche Fallschirmtruppe nach der Landung in Thalerhof, dem Flugplatz von Graz (hinter dem österreichischen Befehlshaber Hauptmann K. L. Schulz, stellvertretender Bataillons-Kommandeur des IV./Regiment "General Göring").

Senior Austrian officers greet the German paratroopers after their landing in Thalerhof, the airport at Graz (behind the Austrian commander Capt. K. L. Schulz, acting battalion commander of the 4th Battalion of Regiment "General Göring").

AUSBILDUNG UND GEIST DER TRUPPE

Operative Fallschirmeinsätze verlangen den selbständigen Kampf, oft über eine längere Zeit. Das ist, falls die Truppe vernünftig eingesetzt wird, auch bei entsprechender Ausrüstung möglich. Die Fallschirmtruppe aber war damals für den selbständigen Kampf nur mangelhaft ausgerüstet. Das lag vor allem daran, daß der Lufttransport Beförderung und Abwurf schwerer Lasten nur bedingt zuließ. Es war zunächst unmöglich, Kraftfahrzeuge, Zugmaschinen, Kanonen, Panzer oder wirksame Panzerabwehrgeschütze durch die Luft zu befördern.
Die Fallschirmtruppe mußte in all ihren Fallschirmeinsätzen ohne solche schweren Waffen kämpfen: ohne Panzer, ohne weitreichende Panzerabwehr und fast ohne Artillerie. Sie kämpfte "aus der Tasche", wie es ein Kp.Chef treffend formulierte. Und doch hat sie das starke Fort Eben Emael bezwungen, die "Festung Holland" geöffnet und die Insel Kreta gegen eine Übermacht erobert. Wie war das möglich?

General Student forderte, wie er in seinen Memoiren – von Hermann Götzel im Podzun-Pallas-Verlag unter dem Titel "Generaloberst Kurt Student und seine Fallschirmjäger" herausgegeben – sagt, drei Grundsätze zur Einstellung in die Fallschirmtruppe:

1. Alle Soldaten müssen sich f r e i w i l l i g zu dieser Truppe melden,
2. Die Freiwilligen sollten besonders a u s g e s u c h t werden und
3. Ausbildung, Erziehung und Behandlung der Fallschirmsoldaten mußten starkes gegenseitiges V e r t r a u e n zwischen Vorgesetzten und Untergebenen schaffen, sie dürfen sich nicht in orthodoxen und geistlosen ä u ß e r e n Formen erschöpfen.

Mit ausgesuchten Freiwilligen kämpfen zu können, ist allein schon eine starke Position. Dazu gab eine harte, leistungsbezogene Ausbildung den Soldaten Selbstvertrauen. Sie wußten, sie waren schneller, standfester und phantasiereicher. Dadurch fühlten sie sich überlegen.
Das Vertrauen zwischen Vorgesetzten und Untergebenen wurde stark durch das Sprungerlebnis geprägt. Der Absprung forderte von jedem, von Vorgesetzten wie von Untergebenen, die gleiche Selbstüberwindung, da gab es kein Vorrecht!

Ein großer Auftritt vor der Öffentlichkeit war die Teilnahme an der Führerparade in Berlin am 20. April 1939. Es gab Beifallsstürme der Zuschauer für die neue Fallschirmtruppe.

Participation in the Führer's Parade in Berlin on 20th April 1939 was a big public performance. The spectators thundered applause for the new parachute troops.

Dazu kam, daß viele Offiziere der Fallschirmtruppe aus dem Mannschaftsstand zu Führungspositionen aufgestiegen waren: Die ersten Kommandeure der Fsch.Jg.Rgter 1 und 2, Bräuer und Sturm, waren zum Beispiel frühere Unteroffiziere, ebenso wie General Ramcke. Auch das schuf sicherlich ein engeres Verhältnis zur "Basis". So herrschte entgegen allen Vorschriften in manchen Formationen der Truppe als Anrede von oben nach unten das vertrauliche "Du" – ähnlich wie früher in der österreichischen Armee. Wehe, wenn solch' Kompaniechef jemanden mit "Sie" anredete, dann hieß das "dicke Luft"! Da die Autorität der Fallschirmführer sichtbar auf gleichem Einsatz und gleicher Leistung basierte, war sie viel mehr eine p e r s ö n l i c h e, als eine Amtsautorität. Zumindest war auch die Überraschung durch eine springende Kampftruppe für den Gegner ein so verwirrendes Moment, daß die Abwehr gelähmt wurde.
Auf diesen Grundlagen beruhte die hohe Einsatzbereitschaft der Fallschirmtruppe, die sie zu besonderen Leistungen befähigte.
Aber natürlich war auch damals nicht alles Gold, was glänzte. Der geradezu stürmische Aufbau der Truppe führte zu vielen Mißheiligkeiten in Ausrüstung und Bewaffnung. Das Heer rüstete natürlich seine Einheiten z u e r s t aus, und die Fallschirmtruppe bekam, was übrig blieb. – Auch personell gab es eigentlich ununterbrochen Engpässe: Ich selbst wurde 1939 Führer einer Fallschirmkompanie, obwohl ich – fünf Jahre zuvor und manches vergessen – nur in einem Reiter-Regiment eine Erdkampfausbildung erhalten hatte. In der Zwischenzeit war ich Flieger und für den Erdkampf nicht mehr geschult. Meine Zugführer kamen aus Polizei und Luftwaffe. Wir mußten uns erst einmal selbst ausbilden! – Zur Aufstellung meiner Kompanie bekam ich 50 Prozent wiedereingezogene Reservisten zu einer übernommenen Halbkompanie. Fast 50 Mann dieser Reservisten waren Feldwebel und Oberjäger, die sich bei der Anreise sicher schon ausgemalt hatten, wie sie als Zug- oder Gruppenführer in der neuen Einheit agieren könnten. Wegen der Überzahl von Unterführern mußten die meisten von ihnen als Gewehrführer, Truppführer oder Schütze 1 und in anderen untergeordneten Stellungen Dienst tun. Eine arge Enttäuschung für sie! Es zeigt, wie wenig psychologische Erkenntnisse damals galten.
Trotzdem, der Stolz, in der Fallschirmtruppe zu sein, überwand viele Schwierigkeiten!

DER SPRUNG

Ein Fallschirmjäger landet nach dem Absprung etwa so, als ob man aus Stubenhöhe auf den Boden springt. Ganz schön hoch also!
Da der Springer am Schirm auch pendelt, verstärkt eine fallende Pendelbewegung den Aufprall, eine steigende mindert ihn. So kann ein landender Springer ganz schön "hingehauen" werden, oder ihn fängt die steigende Bewegung derart ab, daß er mit einer Kniebeuge landen kann. Der Springer hat darauf keinen Einfluß.
Nun weht beim Springen auch meist Wind. Das freut den Mann am Schirm, denn der Wind zieht bei der Landung den Schirm weiter, der Körper des Springers wird aus dem Gleichgewicht gezogen, und er kann – zuvor darauf gut trainiert – mit einer Körperrolle den Aufprall aus der senkrechten in eine waagerechte Richtung ableiten. Er landet glatt, allerdings am Boden liegend. Weht ein starker Wind, so daß die Stämme junger Bäume schon schaukeln, dann ist die Windgeschwindigkeit schon ähnlich der eines Autos bei der Stadtfahrt. Der Gelandete kann, bei dieser Geschwindigkeit über den Boden geschleift, nicht mehr auf die Beine kommen und wird so lange über Stock und Stein gezerrt, bis der Schirm irgendwo behindert wird. Weht gar kein Wind, so läßt sich die senkrechte Fallgeschwindigkeit nicht in die Waagerechte ableiten, und man wird zusammengestaucht. Auch nicht ideal.
All diese Möglichkeiten werden in der Sprungausbildung mit zweckmäßigen Übungen trainiert, damit Verletzungen beim Sprung möglichst vermieden werden. Möglichst – denn leichte Verletzungen wie Verstauchungen, Prellungen und Zerrungen kamen schon öfter mal vor, seltener waren Knochenbrüche, Gehirnerschütterung und Tote hat es nie gegeben, sofern sich der Schirm richtig geöffnet hatte.
Daß ein Fallschirm sich nicht öffnete, gab es nur wenige Male: Einmal war ein Fertigungsfehler, das andere Mal war ein beinahe unerklärlicher Packfehler schuld. Hier hatte die Aufsicht versagt, denn jeder einzelne Packvorgang jedes einzelnen Schirms wurde von einem Aufsichtführenden kontrolliert. Übrigens, jeder Springer mußte seinen Sprungschirm selbst packen, wer macht da schon gern einen Fehler?
Bis zum Kriegsbeginn wurden in der Fallschirmtruppe mehr als 100.000 Sprünge durchgeführt. Dabei gab es vier Todessprünge. Es war also auch damals schon das Abspringen mit dem Fallschirm wesentlich sicherer als Autofahren heute!
Gesprungen wurde bei der Truppe mit dem Fallschirm des Musters RZ 1 (später 16). RZ heißt Rückenfallschirm mit Zwangsauslösung. Es war also ein automatischer Schirm, zu dessen Funktion der Springer nichts tun mußte.

3,7 cm Pak am Fünfling. So konnten nach 1941 auch schwere Lasten zu Boden gebracht werden.

3.7 cm A/T gun on five parachutes. This is how heavy loads were landed after 1941.

Die "gute Tante" Ju 52 war das Flugzeug, aus dem in der Ausbildung und in allen Kriegseinsätzen gesprungen wurde. Wenige Ausnahmen (W 34, He 111, Do 23) bestätigen diese Regel. Der Absprung aus der recht niedrigen Sprungluke ("Tür" ist übertrieben!) erfolgte mit einem Hechtsprung. Da die Ju 52 beim Sprung etwa 30 m/sec schnell war, mußte sehr fix hintereinander gesprungen werden, um die Streuung auf dem Boden gering zu halten. Die zwölf Springer einer Maschine waren dann am Boden in einer Linie von 200 bis 300 Meter Länge aufgereiht. – Etwa 3.000 Ju 52 sind im Kriege gefertigt worden.
Beim Einsatzsprung in den Feind traten Verluste dadurch ein, daß der gelandete Springer Zeit brauchte, um sich vom Schirm zu lösen, das Gurtwerk abzulegen und danach – noch immer nicht wehrbereit – seinen Waffenbehälter zu suchen und seine Waffe zu nehmen. Nach dem Holland-Einsatz sprang man daher mit "Waffe am Mann".
Die Waffenbehälter (auch Abwurfbehälter) enthielten Waffen, Munition und andere Ausrüstung. Sie wurden von der Flugzeugbesatzung während des Sprungs der Jäger aus den Bombenschächten des Flugzeugs ausgeklinkt und landeten dann irgendwo in der Reihe der Abgesprungenen. Schwere Lasten wurden später aus Tür oder Ladeluke oder unter der Maschine hängend an einer Traube von fünf Fallschirmen abgesetzt.

DER SCHIRM

Der Absprung mit einem Fallschirm war, ist und bleibt noch immer ein faszinierendes Spektakel. Jede Flugschau beweist dies. Nüchtern betrachtet ist der Fallschirm aber nichts weiter als ein Transportmittel vom fliegenden Flugzeug zur Erde. Seine Benutzung fordert zwar eine beachtliche Selbstüberwindung beim Absprung und auch eine gewisse sportliche Fitness für die Landung, aber gefährlich ist ein Absprung nicht. Dafür sorgt schon die verläßliche Konstruktion des Fallschirms.
Wie funktioniert er eigentlich?
Im Gegensatz zu heute, wo man (begrenzt) steuerbare Schirme springt (die auch gar keine Schirmform mehr haben), konnte man das Verhalten des Schirms damals nicht beeinflussen. Einzig die Drehung des Springers um die eigene Hochachse war zu verändern. Der technische Fortschritt eines halben Jahrhunderts hat vor allen die Landung heute bequemer gemacht.

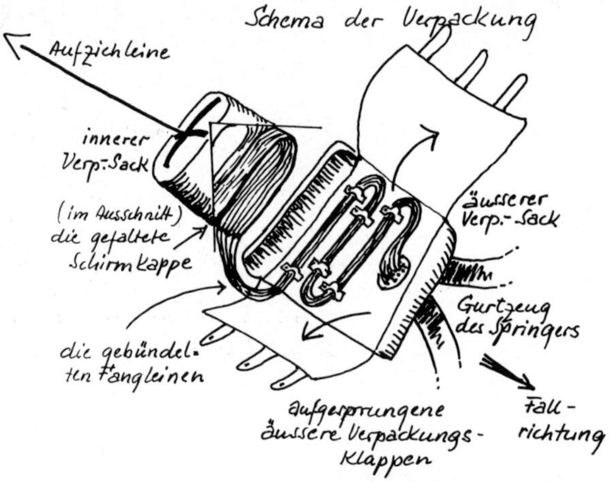

Der RZ 1 (oder 16) war in zwei "Säcke" verpackt, die Fallschirmkappe in einem "inneren", die Fangleinen in einem "äußeren" Verpackungssack. Stoffklappen des äußeren Verpackungssacks umschlossen beim fertig gepackten Schirm den inneren Sack, daher die Namen. Beim Absprung blieb der innere Sack durch die Aufziehleine fest mit dem Transportflugzeug verbunden, der äußere war rucksackähnlich durch das Gurtzeug am Körper des Springers befestigt. Nach dem Absprung wurden die äußeren Klappen durch das Gewicht des fallenden Springers aufgerissen und das abfliegende Flugzeug zog mit dem inneren Verpackungssack, in dem ja noch die Kappe steckte, zunächst die Fangleinen aus den Schlaufen des äußeren Verpackungssackes am Springer. Strafften sich diese Fangleinen, so zogen sie die Fallschirmkappe aus der Umhüllung des inneren Sacks, der am Flugzeug hängenblieb. Jetzt gab es keine Verbindung mehr zwischen der Transportmaschine und dem Springer. Der Fallwind des Springers drang von unten in die Kappe. Sie öffnete sich mit einem für den Springer hörbaren "Flopp" und bremste den freien Fall des Springers ruckartig: der Entfaltungsstoß. Nun pendelte der Springer am Schirm zur Erde.
Obwohl das alles rasend schnell ablief, war der Springer in dieser Zeit etwa 40 bis 60 Meter tief gefallen. Eine Sicherheitshöhe zugerechnet sprang die Truppe bei Übungen aus Höhen von 600 bis 200 Meter. Je weiter die Ausbildung war, um so tiefer wurde die Absprunghöhe. Im Einsatz waren immer 100 Meter Absprunghöhe befohlen, um die wehrlose Zeit des Schwebens am Schirm möglichst kurz zu halten.
Am schönsten waren die "Lustsprünge" aus Höhen über 400 Meter. Dann konnte man das herrliche Gefühl des lautlosen Schwebens am Schirm minutenlang genießen. Man hörte nur, wie der Fallwind durch die Scheitelöffnung strich, wie die Fallschirmseide (erst ab 1940 wurde ein Kunststoffgewebe eingeführt) leise knisterte, man genoß die sanft schaukelnde Pendelbewegung am Schirm und sah, wie die Erde wieder näher kam! In solchen Augenblicken verfiel der Springer dem Rausch des Schwebens und Schauens – er war ein "König des Luftreviers".
Die geforderte Selbstüberwindung beim Absprung – das Glücksempfinden des Schwebens – der Kitzel vor der Gefahr einer Landung – das war für jeden Springer wie der Rausch einer Droge. Sie ist so stark, daß sie den Springer süchtig machen kann, daß sie noch auf den Zuschauer wirkt: Die Faszination des Fallschirmsprungs!

Ein Springer:
Günter Räbiger trägt über der Uniform den "Knochensack", der verhindert, daß er aus Brotbeutel, Taschen usw. beim Springen etwas verliert. Über den Knochensack wird das Gurtzeug des Fallschirms geschnallt. Hier noch das alte Gurtzeug mit vier Schlaufen und zwei Karabinerhaken. Es wurde 1941 durch ein neues mit Zentralverschluß ersetzt, damit der Springer nach der Landung schneller vom Gurtzeug und Schirm freikommt. Man sieht die Knieschützer über den Hosen.

Günter Räbiger: a jumper wearing the so-called "bone bag" over his uniform which stopped anything falling out of the bread bag, pockets, etc. when jumping. The parachute straps are buckled over the "bone bag". Note the old type of straps with four loops and two carbine hooks. It was replaced in 1941 by a new central buckle so that the jumper could get off the belts and parachute quicker on landing. Note the knee pads over the trousers.

Absprungübung

Jumping Training

Vorbildliche Haltung beim Übungssprung.

Model position on a training jump.

Aus der Ju 52 in den Sandkasten.

Out of the Junkers 52 into the sandpit

Übungen am Pendelgerät in der Halle. Vorbereitung zur Landung.

Exercise on the swinging frame in the gym. Training to land.

Das Pendeln am Schirm. *Swinging on the parachute.*

"Vorwärts fallt!"
Die senkrechte Fallbewegung in eine waagerechte Landebewegung zu wandeln, ist zur "unbeschädigten" Landung sehr wichtig. Es war der Schwerpunkt exerziermäßiger und sportlicher Übungen.

"Fall forwards!" Falling vertically and landing horizontally is important for a successful landing. This was the central point of drill manual and sport training.

Am Ende der Vorbereitungen war die Rolle über sieben Kameraden eine Pflichtübung.

At the end of preparations, it was compulsary to roll over seven colleagues.

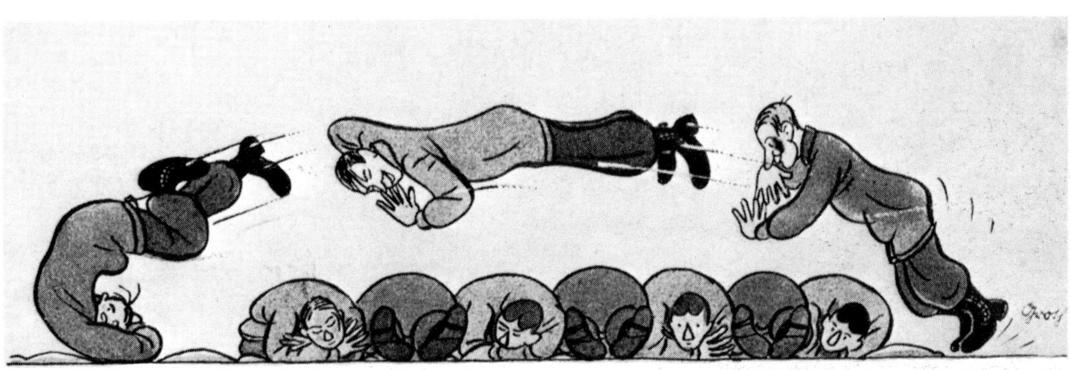

Ein Absprung bei Wind führt zum gefährlichen Schleifen des Schirms. Das "Stehaufmännchen" und Umlaufen lassen den Schirm zusammenfallen.

To jump on windy conditions leads to dangerous dragging on the parachute. The weight and packing let the parachute collapse.

Körperliche Gewandtheit ist eine Voraussetzung zur gefahrlosen Landung.

Physical dexterity is a prerequisite of safe landing.

Endlich wird gesprungen!

At last a jump!

Die Aufziehleine hat die Verpackungssäcke auseinandergerissen, die Fangleinen ziehen sich heraus.

The rip-cord has torn open the parachute bag, the suspension lines are coming out.

Die Kappe ist aus dem Verpackungssack gezogen, Fallwind beginnt sie zu blähen.

The canopy is coming out of the parachute bag, the wind is beginning to fill it.

Dem Entfaltungsvorgang folgt das schöne Schweben!

Once the chute is out, you just swing there!

Übung hinter dem "Windesel" trainiert das "auf die Beine kommen" bei Wind. Der Windesel ist eine alte Maschine, deren Propellerwind Windstärken bis 10 m/sec. simuliert.

Training behind the "wind donkey" teaches you how to get on your legs in wind. The "wind donkey" is an old machine whose propellor simulates wind strengths to 10 metres per second.

Die Dauer der Sprungausbildung – anfangs drei Monate – wurde im Verlauf des Krieges auf vier Wochen zurückgenommen. Auch diese Zeit reichte bei intensivem Training.

The duration of training to jump – initially three months – was reduced to four weeks in the course of the war. With intensive training, this was enough time.

Auf der Sprungschule wird das Packen gelehrt.

Packing was learnt at the parachute school.

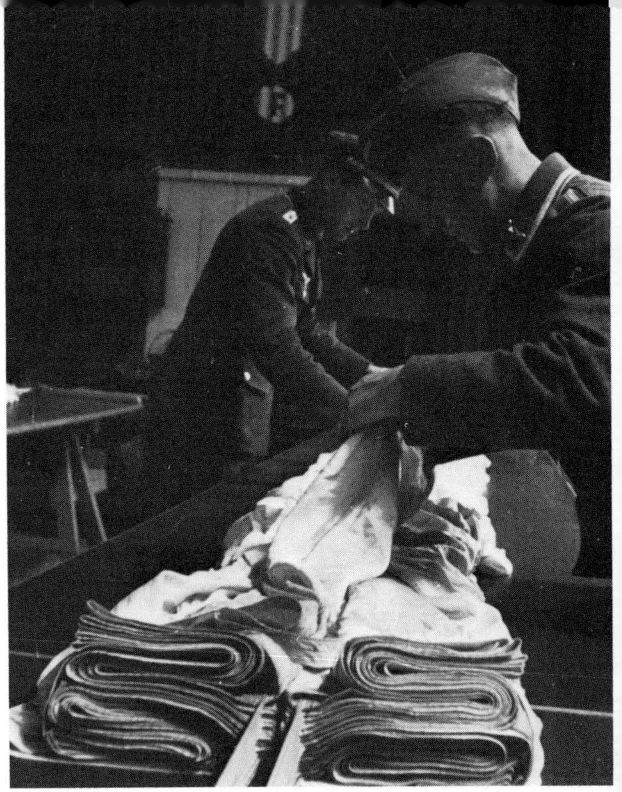

Auch der Dackel von Major Pelz sprang mit – er hatte einen eigenen kleinen Lastenfallschirm!

Major Pelz's sausage dog jumped with him – he had his own small parachute.

Schwere Lasten wurden am "Fünfling" – an fünf gekoppelten Schirmen – abgeworfen. Rechts ein moderner Fünfling im Gebrauch bei der Bundeswehr.

Heavy losses were dropped on five parachutes. Right a modern five parachute set being used by the Bundeswehr.

Das einzigartige Dokument eines seltenen und gefährlichen Sprungunfalls:
Beim Absprung aus einer He 111 ist der Springer mit der Scheitelöffnung seines Schirms im Spornrad der Maschine – einer He 111 – hängengeblieben. Der Springer wird am Schirm hängend hinter dem Flugzeug hergezogen, ohne daß man ihm aus der Maschine helfen kann. Ein Seil aus zusammengebundenen Aufziehleinen wurde durch den Luftzug höher gehalten, der Springer konnte es nicht erreichen. – Schließlich konnte eine zweite gestartete Maschine – eine alte zweimotorige Do 23 mit weit vorspringender und offener Kanzel in der Mitte – von hinten unter den Springer fliegen. Die Besatzung konnte den Mann festhalten, abschneiden und in die Kanzel ziehen! Eine glückliche Rettung!

A unique document of a rare jumping accident: On jumping out of a He 111, the jumper caught on the tail wheel of the machine when his chute opened. The jumper was carried hanging by his chute behind the plane and nobody on it could help him. A rope of ripcords wound together was pulled up higher by the air than the jumper could reach. Finally, a second machine, an old two-engined Dornier 23 with a large and open cockpit in the middle was flown underneath the jumper. The crew were able to hold the man, cut him loose and pull him into the cockpit! He was lucky to be alive!

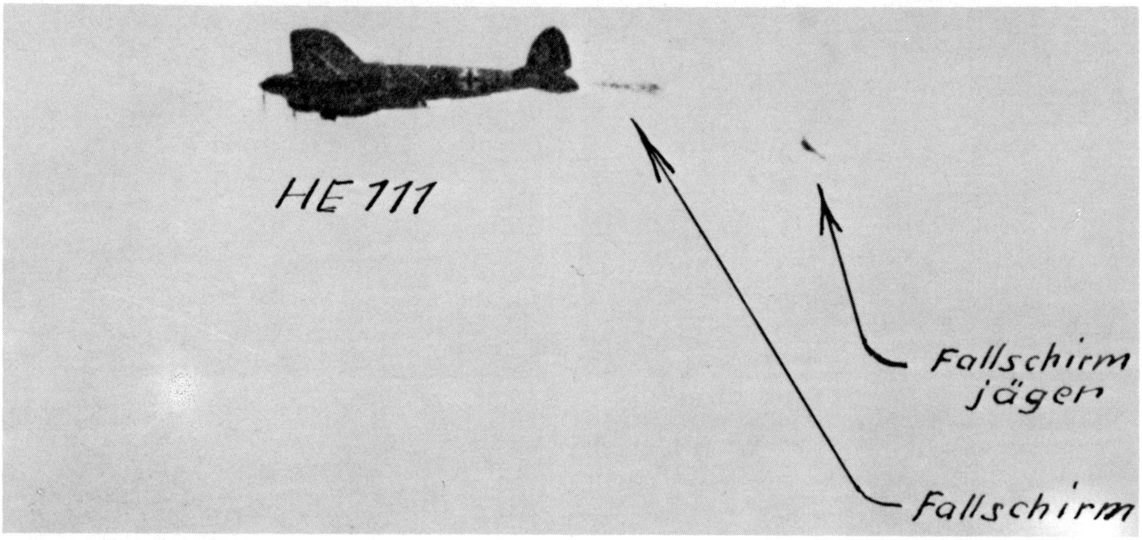

Der Springer hängt mit dem Schirm am Spornrad. *The jumper hanging by his chute from the tail wheel.*

General Student befragt einen Springer nach dem Sprung. *General Student questioning a parachutist after his jump.*

Wie realistisch die Gefechtsausbildung in der Fallschirmtruppe erfolgte, zeigt nachstehender Angriff auf einen Hochbunker. – Sprengungen markieren den vorbereiteten Bombenwurf durch Stukas. Erdbrocken und Steine fliegen bis zu dem Flammenwerfertrupp, der nur 120 Meter entfernt in Bereitstellung liegt! Unter Ausnutzung der Sprengwolken wird angegriffen, und dann faucht das Feuer der Flammenwerfer in die Schießscharten.

The attacks on a bunker shown here indicates how realistic the training of the paratroopers was. Explosions mark the bombing of the Stukas. Clods of earth and stones carry right up to the flamer thrower section which is laying in preparation only 120 metres away! Using the clouds of smoke from the explosions, the attack is made and the fire from the flame throwers gushes into the loop holes.

Anläßlich des Flugtages springt im Mai 1939 der Pionierzug des Fallschirminfanterie-Bataillons in Lippstadt vor "großem Publikum".

On its open day in May 1939, the Engineer Platoon of the Parachute Battalion in Lippstadt in front of a large audience.

Von rechts: Janowski, Schmidt, Drucks, Köhler, Zirwes, List (weitere nicht erkennbar), SA-Stabschef Lutze, General Milch.

From right: Janowski, Schmidt, Drucks, Köhler, Zirwes, List (others not recognizable), SA-Stabschef Lutze, General Milch.

Von links: General Milch, (dann 6. von rechts) Stücke, Franz, Passmann, Lukascheck, Windemuth, Pfeiffer, Kujawa. General Milch spricht mit den Springern.

From left: General Milch, (then 6th from left) Stücke, Franz, Passmann, Lukascheck, Windemuth, Pfeiffer, Kujawa. General Milch is speaking with the paratroopers.

General Student bei einer Besichtigung (v. rechts: Oberst i. G. Trettner, Hauptmann Stamm, Student, im Hintergrund Oberst Bräuer, Hauptmann v. Roon).

General Milch on an inspection. (From right: Col. Trettner, Capt. Stamm, Student, in background Horst Brauer, Capt. von Roon).

Bei realistischen Übungen gibt's auch mal Bruch! Inmitten der unversehrten Besatzung des DFS 230 Hauptmann Brede.

Broken bones happen in realistic training! In the middle of the uninjured crew of the DFS 230, Capt. Brede.

Die Abwehr feindlicher Landung wird in Italien geübt.

Defence against enemy landings being practised in Italy.

GENERALOBERST KURT STUDENT

Kurt Student wurde am 12. Mai 1890 geboren. Das kleine Gut in der Neumark mußte vom Vater aufgegeben werden. Der enge finanzielle Spielraum der Familie schloß das vom Sohn angestrebte Medizinstudium aus, er kam 15jährig auf die Kadettenanstalt. Schon 1913 meldete sich der junge Leutnant, der bei den Yorck'schen Jägern diente, zur neu entstehenden Fliegertruppe und erhielt noch im gleichen Jahr den Flugzeugführerschein. Im Kriege flog er zunächst als Aufklärungs-, später als Jagdflieger. Als die modernen Fokker-Maschinen neu in die Fliegertruppe eingeführt wurden, erhielt Student neben Bölcke, Immelmann und Buddeke eines der ersten vier Flugzeuge. Er errang mehrere Luftsiege, wurde selbst schwer verwundet und erlebte das Kriegsende als Führer der Jagdstaffel 9.

General Student, der Schöpfer der Fallschirmtruppe.

General Student, founder of the parachute arm.

Seeckt berief den Hauptmann Student in das Truppenamt der Reichswehr, wo er die Abteilung "fliegerisches Gerät" leitete. Es folgten Truppenkommandos als Kompaniechef und Btl.-Kommandeur in Ostpreußen. Als nach 1933 die Aufstellung der Luftwaffe geplant wurde, organisierte der Major Student die erste technische Schule, später übernahm er die Leitung der Erprobungsstelle für Fluggerät in Rechlin. 1938 wird der unterdessen zum Generalmajor beförderte Student für kurze Zeit Kommandeur der Fliegerdivision 3, bis er am 1. Juli 1938 die neu aufzustellende Fliegerdivision 7, die Fallschirm-Division, übernimmt.

Oberleutnant Student im Sommer 1916 vor seinem neuen Fokker-Jagdflugzeug.

1st Lt. Student in summer 1916 in front of his new Fokker fighter.

Nach seinen Ideen entsteht eine Truppe, die den legendären Ruf der Fallschirmjäger begründet. Student persönlich plante die operativen Fallschirmeinsätze in Holland und auf Kreta bis hin in einzelne Details. Aufgrund der Erfolge wird aus der 1. Fallschirmdivision 1941 ein Fallschirm-Korps, 1944 eine Fallschirm-Armee. Bis zum bitteren Ende blieb Generaloberst Student Oberbefehlshaber seiner Fallschirmtruppe, deren Leistung – auch wenn er selbst die in die Brennpunkte der harten Kämpfe geworfenen Truppenteile zumeist nicht selbst befehligte – von ihm persönlich geprägt wurde.
Ein nach dem Zusammenbruch gegen den Generaloberst durchgeführter Kriegsverbrecher-Prozeß rehabilitierte ihn vollkommen, so daß das aus politischen Gründen gefällte Urteil nicht vollstreckt wurde. 1978 verstarb der Generaloberst und Träger des Eichenlaubs zum Ritterkreuz wenige Tage nach dem Tode seiner Frau. Auf dem Grabstein der Familie steht auch der Name des einzigen Sohnes: Leutnant Hans-Dietrich Student. Er fiel 1944 als Jagdflieger, wenige Kilometer vom Hauptquartier seines Vaters entfernt.

Besuch bei der Entwicklungsfirma Wasag. Auch Praktiker aus der Truppe sind dabei!
Die Fallschirmspringer auf dem Foto (von links): Major i. G. Trettner, Obj. Beck, Generalmajor Schlemm, General Student, Hauptmann Pettelkau, Oberleutnant Schacht, Major Koch, Generalmajor Meindl, (über ihm): Hauptmann E. Hübner und Hauptmann Käthler, der verdiente Waffen-Offizier im Stab Student.

Visit to the research firm Wasag. Practicians from the troops are there too! The paratroopers on the photo (left): Major Trettner, Cpl. Beck, Maj.Gen. Schlemm, Gen. Student, Capt. Pettelkau, 1st Lt. Schacht, Major Koch, Gen.Maj. Meindl (above him): Capt. E. Hübner and Capt. Käthler, the longest serving weaponry officer in Student's staff.

WEITERE ENTWICKLUNG BIS ZUM KRIEGSANFANG

Das anfangs schon angeschnittene Problem, wie die Fallschirmtruppe eingesetzt werden könne – taktisch/operativer Einsatz oder Zerstörtruppaufgaben und Kommandounternehmen – hatte sich mit der Berufung General Students zum Kommandeur der Fallschirmdivision (damals aus Tarnungsgründen mit Fliegerdivision 7 bezeichnet), entschieden: Student vertrat die Auffassung, daß nur ein operativer Einsatz den Möglichkeiten dieser neuen Truppe gerecht werden könne.

Schon die erste Einsatzplanung, der durch das Münchener Abkommen dann zur friedlichen Besetzung gewordene Einmarsch in das Sudetenland, zeigte die operative Absicht: Tschechische Befestigungen am Flüßchen Goldoppa sollten im Überfall aus der Luft von rückwärts angegriffen, zerstört und das so geschaffene "Loch" in den Befestigungen offen gehalten werden, bis das Heer heran war und von hier weiter in das böhmisch-mährische Becken vorstoßen konnte. Es gab in Heer und Luftwaffe manche Kritik an dieser kühnen Idee. Als die friedliche Besetzung dann im Rahmen einer sehr realistischen Übung mit Massenlandungen großer Verbände Ju 52 auf offenem Gelände erprobt wurde, zeigte sich aber, daß solche operativen Einsätze durchaus möglich sind. Die Entscheidung über zukünftige Formen des Einsatzes der Fallschirmjäger war gefallen!

Entsprechend wurde die junge Fallschirmtruppe auch bei der Besetzung der Rest-Tschechoslowakei eingesetzt, wo die 7. Flieger-Division am 15. März 1939 zur Sicherung der Hauptstadt auf Flugplätzen bei Prag gelandet wurde.

Im Sudetenland kam es zu einem – soweit ich weiß – einmaligen Einsatz einer "Fünften Kolonne": Auf einem Landeplatz wurden einige Pappeln, die den Platz einengten, gefällt und ein kleiner Graben beseitigt. Diese Maßnahmen wurden von der deutschen Abwehr organisiert und durch einheimische deutschstämmige Bauern, u. a. auch dem Besitzer des Grundstücks, durchgeführt.

Das Foto zeigt in der Bildmitte die hinderlichen Bäume am Rand der Landeplätze II und III vor der Fällung. Von allen Landeplätzen gab es vor dem Einsatz angefertigte Fotos für die Flugzeugführer.

Die 7. Fliegerdivision, die nach der ursprünglichen Planung nur für die Dauer des Einsatzes gegen die Tschechoslowakei zusammengestellt war, blieb nach den Erfolgen dieser Übungen bestehen. Im Juni/Juli 1938 wird das Fsch.Jg.Rgt. 2 aufgestellt, und das bestehende Fsch.Jg.Rgt. 1 erhielt eine 14. Kp. als Panzerjäger-Kompanie, ausgerüstet mit der 3,7 cm Pak. Als Div.-Einheiten entstanden: eine Pz.Jg.-Versuchs-Kp., eine Batterie mit vier 7,5 cm Gebirgskanonen Skoda 16 und eine Transport-Kp. Mit Beginn des Krieges am 1. September 1939 verfügte die deutsche Wehrmacht über eine kleine, aber hervorragend ausgebildete Fallschirmtruppe.

Geschätzte Gefechtsstärken der Fallschirmtruppe
(ohne Schulen, Ersatzeinheiten und fliegende Verbände)

1936	etwa	250 Mann	
1937	etwa	850 Mann	
1938	etwa	1.200 Mann	
1939	etwa	3.200 Mann	
1940	etwa	8.250 Mann	
1941	etwa	11.000 Mann	
1942	etwa	15.000 Mann	
1943	etwa	35.000 Mann	davon etwa 15.000 im Sprung ausgebildet
1944	über	60.000 Mann	davon etwa 15.000 im Sprung ausgebildet
1945	bis	100.000 Mann	davon etwa 15.000 im Sprung ausgebildet

Diese Angaben können nur annähernde Werte sein, da im Jahresverlauf durch Verluste einerseits und Neuaufstellungen andererseits große Differenzen entstanden.

Sudetenland, Tschechoslowakei

Luftlandungen und Ausladen der Luftlandetruppe. *Air landings and unloading of the glider troops.*

Luftlandetruppen rücken vor.

Air landing troops advancing.

Göring bei der Besichtigung (links General Kühl, General Student).

Göring on an inspection (left General Kühl, General Student).

General Student im Landegelände (hinter ihm Major Trettner, Oberleutnant von Roon) bei Freudental.

General Student on the landing field (behind him Major Trettner, 1st Lt. von Roon) at Freudental.

Heimkehr in die Garnison Stendal (3./Fallschirmjäger-Regiment 1).

Return to the garrison town Stendal (3rd Batt. Parachute Regt. 1).

Die tschechischen Befestigungen waren damals modern und stark.

Bunkeranlage bei Ernlich . . .

. . . und der Adamsberg (Mitte).

The Czechoslovakian bunkers were strong and modern. The bunker at Ernlich . . . and Adamsberg (centra).

Ein durchlaufendes, mehrere Kilometer langes Panzer-Hindernis.

A continuous tank obstacle, several kilometres long.

DER KRIEG BEGINNT

"Der Vorschlag der polnischen Regierung, durch eine neue Grenzziehung im Osten (Deutschlands) über zwei Millionen Deutsche unter polnische Verwaltung zu stellen, m u ß meinem Urteil nach früher oder später z u einem neuen Krieg in Osteuropa führen". Dies sagte niemand anderes als der britische Premier Lloyd George im März 1919. Tatsächlich führte die törichte Grenzziehung nach dem Versailler Vertrag 20 Jahre später zum Beginn des Zweiten Weltkrieges. Obwohl die Forderungen nach einer Revision der Grenzen zu Polen, die – wie man heute vergessen hat – nicht erst von Hitler, sondern vor ihm schon von Stresemann und dem Sozialdemokraten Braun, dem preußischen Ministerpräsidenten, gestellt waren, auch auf Verständnis der britischen und der französischen Regierung stießen, lehnten die Polen jede Verhandlung ab. Aus Angst vor einem Wiedererstarken Deutschlands gaben dann aber auch Frankreich und Großbritannien wider bessere Einsicht eine Garantie der polnischen Grenzen. So begann – für uns heute kaum noch vorstellbar – ein langer, furchtbarer Krieg aus nationalstaatlichen Gründen.

POLEN

Die Fliegerdivision 7 war am 1. September, zu Kriegsbeginn, mit ihren Divisions-Einheiten, mit dem sprungbereiten Fsch.Jg.Rgt. 1 und I./Fsch.Jg.Rgt. 2 sowie mit dem Inf.Rgt. 16 als Luftlandetruppe im Raum Liegnitz als Reserve der obersten Führung versammelt. Würde sich ein Fallschirm- und Luftlandeeinsatz ergeben?

Zur Überraschung für die ganze Welt wurde in Polen von der deutschen Wehrmacht ein verblüffend schneller Blitzkrieg geführt. Nach ganzen sechs Tagen waren die Kampfhandlungen größeren Ausmaßes beendet, die Säuberungen zogen sich noch 14 weitere Tage hin, wobei auch erobertes Gebiet wieder aufgegeben wurde, das ab 17. September die Russen besetzten, die mit dem Reich eine Demarkationslinie vereinbart hatten.

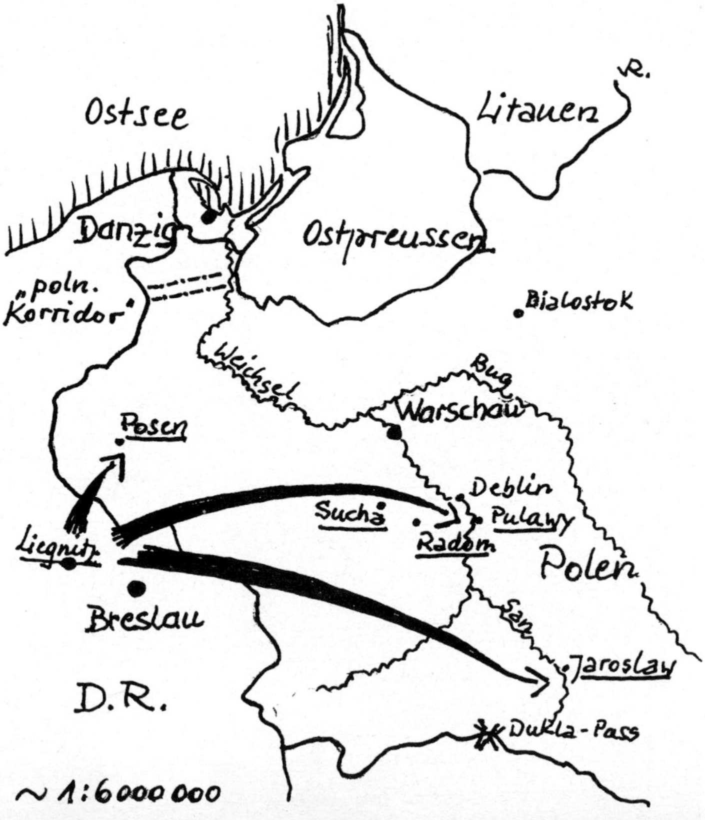

Drei beabsichtigte Einsätze der 7. Flieger-Division im Polenkrieg.

Three intended actions of the 7th Airbourne Division in the Polish campaign.

Dreimal nacheinander gab es für Fallschirmjäger Einsatzalarm: Zunächst sollte gegen die beim Vormarsch des Heeres ausgesparte Stadt Posen, die auch beachtliche Garnison war, gesichert werden. Dann sollten die großen Weichselbrücken Pulawy im Handstreich genommen und für die rückflutenden Polen gesperrt werden. Zu diesem Auftrag saß ein Fallschirmbataillon bereits abflugbereit in den Maschinen! Und drittens sollte die Bildung eines Brückenkopfes über den San bei Jaroslaw dem Heer den schnellen Vorstoß erleichtern. Aber alle drei Einsatzbefehle wurden zurückgenommen: Entweder wurden sie durch die rasante Veränderung der Gefechtslage einfach überholt oder der Einsatz verlor seine Bedeutung und rechtfertigte die Enttarnung der Fallschirmtruppe nicht mehr. Im militärischen Schrifttum wird die Auffassung vertreten, Hitler habe aus Gründen der Geheimhaltung die Fallschirmtruppe in Polen nicht eingesetzt. Das ist offenbar nicht richtig, wie das Beispiel des Btl. beweist, das bereits startklar in den Maschinen saß. Die Einsatzmöglichkeiten wurden durch die Ereignisse einfach überrollt.

Es kam trotzdem zur ersten Feindberührung der Fallschirmtruppe: Am 13. September sah der Kommandierende General des VIII. Flieger-Korps, Gen. von Richthofen, der seinen Gefechtsstand schon weit in Polen in Sucha bei Radom hatte, seinen Gefechtsstand von polnischen Kräften bedroht. Zur Sicherung wurde das III./Fsch.Jg.Rgt. 1 in aller Eile nach Radom geflogen und nach Sucha gebracht. Richthofen befahl dem Btl.Kdr., Oberstleutnant Sydow, ein Durchkämmen der Wälder in der Umgebung, ohne daß – wie es Sydow erbat – zuvor eine Aufklärung durchgeführt wurde. Zwei Züge der Kompanie des Oblt. Dunz stießen dabei auf überlegenen Feind. Dunz wurde sogleich schwer verwundet. Da das Bataillon in den Wäldern weit verstreut war, konnten nur zwei Züge einer anderen Kp. zu Hilfe kommen. In der Nacht wurden diese Teile vom weit überlegenen Gegner überrannt und erlitten beträchtliche Verluste. Wie sich später herausstellte, war eine ganze, kampfkräftige Kavalleriedivision der Polen an dieser Stelle durchgebrochen! – Wir haben dieses an sich unbedeutende Gefecht, das weitgehend vergessen ist, deswegen erwähnt, weil man auch heute noch daraus lernen sollte: Aufklärung ist nötig, auch wenn sie Zeit kostet! Ein weiteres Gefecht fand am 24. September bei Wola Gulowska – ebenfalls in der Nähe von Deblin – statt, wo ein polnisches Artillerie-Regiment seiner Gefangennahme tapferen, aber vergeblichen Widerstand leistete. Das hier eingesetzte Fsch.Inf.Btl. hatte ebenfalls Verluste an Toten und Verwundeten. Im Übrigen hatten Teile des I./Fsch.Jg.Rgt. 2, u. a. die nach Deblin verlegt waren, eine wenig kriegerische

Polnische Dörfer fallen dem Moloch Krieg zum Opfer.

Polish villages fall sacrifice to war.

Arbeit zu verrichten: Sie transportierten aus der alten Iwangorod-Zitadelle ostwärts der Weichsel tagelang, Tag und Nacht, Quecksilber, Kupfer und andere wertvolle Rohstoffe über die Brücke nach Westen. Der Grund? Die Weichsel sollte Demarkationslinie werden, bis zu der die Sowjets Polen besetzen würden. Daher mußte das auf dem Flugplatz Deblin entdeckte riesige Rohstofflager vor den Russen in Sicherheit gebracht werden!

So verlief der Polenkrieg ohne Fallschirmeinsatz, und mißgestimmt verlegten die Fallschirmjäger wieder in ihre deutschen Standorte. Ausbildung und Neuaufstellungen gingen zu Hause weiter.

Zerstörte Kanonen – zerstörte Flugzeuge – das schnelle Ende von Polen.

Destroyed artillery pieces – destroyed aircraft – the rapid end of Poland.

Während die zerstörten polnischen Flugzeuge noch vor der Halle lagen, transportierten Fallschirmjäger die in den Hangars lagernden kriegswichtigen Rohstoffe – u. a. Kupfer und Quecksilber – aus Deblin über die Weichsel nach Irena. Als Demarkationslinie zwischen deutscher und sowjetischer Besetzung Polens galt die Weichsel – also mußte das wertvolle Material aus den Lagern sichergestellt werden, ehe die Russen kamen!

Whilst the destroyed Polish aircraft were still lying in front of their hangars, the paratroopers were transporting the militarily important raw materials, including copper and mercury, from Deblin over the Vistula to Irena. The Vistula was the line of demarcation between the German and Soviet zones of occupation in Poland. The valuable materials were brought to safety out of the stores before the Russians arrived!

Die ersten Gefallenen der Fallschirmtruppe, die Toten des II./Fallschirmjäger-Regiments 1, werden im Fort Iwangorod bei Deblin bestattet.

The first fallen of the parachute arm, the dead of the 2nd Batt. Parachute Regiment 1, were buried in Fort Ivangorod in Deblin.

SKANDINAVIEN

Skandinavien war für das Reich ein wichtiger Rohstofflieferant: Ohne die schwedischen Erze, die über den norwegischen Erzhafen Narwik verschifft werden mußten, wäre die zur Kriegführung notwendige Stahlproduktion nicht möglich gewesen. Skandinavien in alliierter Hand hätte auch die Ostsee zum Kriegsschauplatz gemacht, und damit eine dem Reich gefährliche Lage ergeben.
So war es nicht verwunderlich, daß sich die Briten – seit einer Denkschrift Churchills vom September 1939 – und gleichzeitig auch die Deutschen – auf Hinweise ihrer Seekriegsleitung – mit der Sicherung ihrer Interessen in Skandinavien beschäftigten.
Von den Nachrichtendiensten und der Luftaufklärung beider Seiten beobachtet, eskalierten Maßnahmen und Gegenmaßnahmen. Churchill befahl am 5. April, nachdem schon zuvor einige Vorbereitungen durchgeführt waren, die Landung britischer Truppen in Norwegen. Hitler befahl die Landung zum 9. April.
Ein Zusammenprall der deutschen Seestreitkräfte mit der britischen Flotte hätte aller Voraussicht nach verheerende Folgen für die deutschen Streitkräfte gehabt. Die Versenkung von zehn deutschen Zerstörern später in Narwik deutet an, was hätte geschehen können! Gegen den Willen der Seekriegsleitung bestand Hitler aber auf dem waghalsigen Einsatz und – der Wettergott kam ihm zu Hilfe. Als die beiden für Narwik bestimmten Zerstörergruppen die Enge zwischen den Shetlands und der norwegischen Küste passierten, türmte Windstärke 9 die See zu schweren Brechern auf. In dieser Nacht wurden hier zehn Gebirgsjäger von deutschen Booten in die See gespült, schwere Waffen, Geschütze und Munition gingen über Bord und an allen Schiffen entstanden Schäden – aber die Deutschen fuhren, während die Briten im Windschatten der Shetlands Schutz suchten. Die für Narwik bestimmten Gruppen mit dem Gebirgsjäger-Rgt. des Oberst Dietl erreichten nach 2.000 Seemeilen (3.700 Kilometer) Marsch Narwik unbehelligt und besetzten es. Auch Landungen in Bergen und Drontheim gelangen. Die Landung im Oslo-Fjord wurde unter Verlust des schweren Kreuzers "Blücher" durch die Norweger abgewehrt. Während der ganzen Tage (ab 9. April) spielten sich kleinere, aber dramatische Seegefechte entlang der norwegischen Küste ab: So wird der 14.000 Tonnen-Kreuzer "Admiral Hipper" von dem britischen Zerstörer "Glowworm" vor Drontheim gerammt. Der Zerstörer sinkt, aber auch "Hipper" hat seitlich ein Leck von 40 Metern Länge!
Hitler hatte das Norwegen-Unternehmen (Deckname: "Weserübung") aber nicht nur mit Kräften über See geplant, sondern unterstützte es mit Luftlandetruppen. Um eine gesicherte Nachschublinie nach Norwegen zu schaffen, bekam die 4./Fsch.Jg.Rgt. 1 den Auftrag, in Dänemark die wichtige Storstrom-Brücke, die Verbindung der Inseln Falster und Seeland, zu nehmen und zu sichern. Die Dänen leisteten keinen Widerstand, der Einsatz gelang.

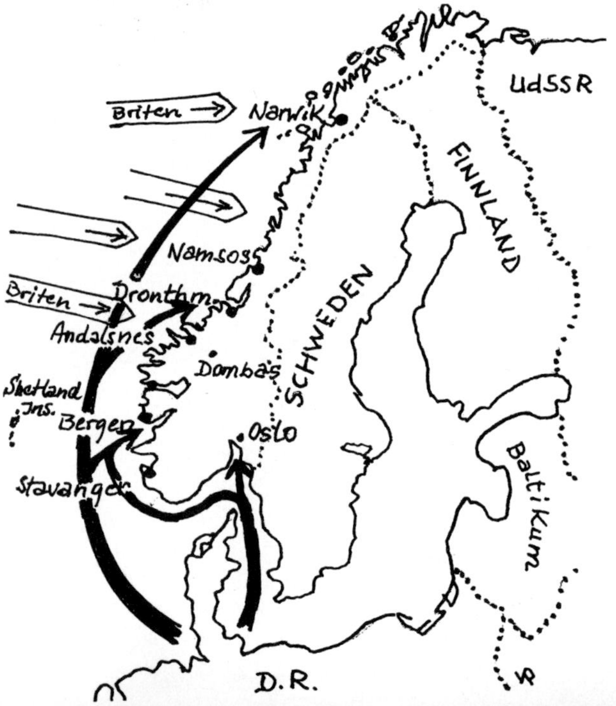

Der gleichzeitige Zugriff von Deutschen und Briten auf Norwegen.

The simultaneous seizure of Norway by the Germans and the British.

Diese Bildpostkarte der Storstrom-Brücke war die einzige Zielunterlage, die dem Hauptmann Gericke zum Einsatz zur Verfügung gestellt werden konnte! Wie bei den meisten späteren Einsätzen auch, wurde der Norwegen-Einsatz von der obersten deutschen Führung so übereilt gefordert, daß eine ausreichende Vorbereitung unmöglich war.

This postcard of the Storstrom bridge was the only means of aiming available to Captain Gericke! As this most of the later actions, the attack on Norway was required by the German supreme command so quickly that proper preparations were not possible.

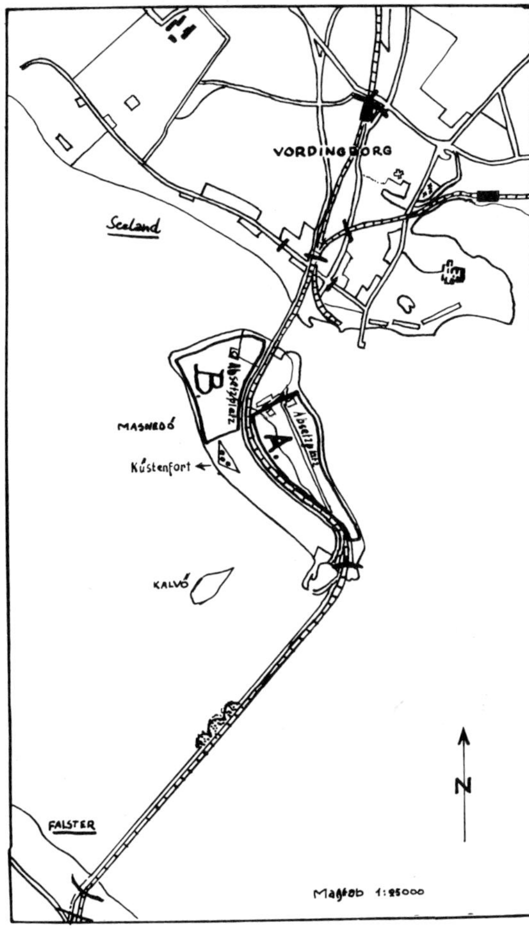

Einsatz der 4./Fallschirmjäger-Regiment 1 (Hauptmann Gericke) zur Wegnahme der Storstrom-Brücke, der vier Kilometer langen Verbindung zwischen Falster und Seeland.

The 4th Batt. Parachute Regt. 1 being used to take out the Storstrom bridge, the 4 kilometres long connection between Falster and Seeland.

Sie kämpften Schulter an Schulter mit den Fallschirmjägern. Gebirgsjäger werden zum Flug nach Norwegen verladen.

They fought shoulder to shoulder with the paratroopers. Mountain troops being put on board of an aircraft for the flight to Norway.

Die 3. Kp. sollte den Flugplatz Stavanger-Sola nehmen und offenhalten. Nach etwa halbstündigem, heftigen Gefecht waren die Norweger, die sich in vorbereiteten Stellungen energisch zur Wehr setzten, überwältigt. Die Eroberung dieses Flugplatzes war für die weitere Führung des ganzen Norwegen-Feldzugs von besonderem Gewicht.

Die restlichen Kompanien wurden unter Führung des Btl.-Stabes gegen den Flugplatz Oslo-Fornebu eingesetzt. Hier wirkte sich das schlechte Wetter, das die Aktionen der Flotte so begünstigte, nachteilig aus. Die "Waschküche" war so dicht, daß die Kettenführer der Transportflieger oft nicht einmal die Nachbarmaschinen sehen konnten! Die Transportgruppe brach den Anflug ab und landete in Aalborg, dessen Flugplatz bereits in eigenem Besitz war. Nach kurzem Aufenthalt startete die Gruppe aber wieder, weil sich das Wetter besserte. Sie landete dann in Fornebu ohne Probleme. Das Inf.Btl. aber, als dessen Vorhut und Landeschutz die Fallschirmjäger gedacht waren, war schon in Fornebu gelandet und hatte den Platz bereits in eigener Hand, als die Fallschirmjäger zum zweiten Mal anflogen!

Am 14. April wurde die 1. Kp. dieses Btl. noch einmal in den Einsatz befohlen. Die britische 148. Inf.-Brigade war in Andalsnes gelandet und ging nach Südosten vor. Sie konnte zusammen mit norwegischen Kräften die Verbindung nach Drontheim abschneiden. Die 1. Kp. sollte sich diesem Marsch bei Dombas vorlegen, die Eisenbahn sprengen und die britische Brigade aufhalten, bis die eiligst auf schwierigen Straßen herankommenden Verbände des Heeres eintreffen würden. Ein etwas abenteuerlicher Auftrag für eine einzige Kompanie 150 Kilometer vor der eigenen Front! Er wurde vom OKW direkt an den Oberkommandierenden in Oslo gegeben, Student hatte keine Möglichkeit einzugreifen. Die Transportgruppe, die wenige Tage vorher den Anflug auf Fornebu des Wetters wegen abgebrochen hatte, flog nun diese Kp. nach Dombas. Die kleine Stadt war mit norwegischen Truppen stark belegt, in den Bergen über den engen Tälern hatte sie sich zur Verteidigung eingerichtet. Durch Flugunfälle wegen des Schlechtwetters und aus den Bergstellungen von Norwegern abgeschossen, verlor diese Transportgruppe acht der fünfzehn Maschinen, die die Kompanie von Olt. Herbert Schmidt daher nur dezimiert und verstreut absetzen konnte. Nun kämpfte die Kompanie, deren Chef schon anfangs schwer verwundet von seinen Soldaten gestützt und getragen werden mußte, fünf Tage mit nur 65 Fallschirmjägern erfolgreich: Die Bahn wurde gesprengt, die Straße gesperrt. Als aber nach fünf Tagen die Munition zu Ende gegangen war und deutsche Truppen noch immer nicht in Sicht waren, mußten sich die letzten 34 Soldaten ergeben. Nur mit leichten Infanteriewaffen hatte diese Gruppe tagtäglich Angriffe des acht- bis zehnmal überlegenen Gegners abgewehrt und war sogar selbst zum Angriff übergegangen. Zum Feuer der norwegischen Artillerie kamen auch noch Schiffsgeschütze, die die Briten aus Zerstörern ausgebaut und auf Eisenbahnwaggons montiert hatten. Aber das Feuer der Geschütze, die ganz ungehindert auf die Fallschirmjäger schießen konnten, machte die frierenden und hungernden Fallschirmjäger nicht weich. Hier bei der 1./Fsch.Jg.Rgt. 1 zeigte sich erstmals, welche Standfestigkeit und Härte Fallschirmjäger beweisen können!

Nach kurzer Zeit der Gefangenschaft wurde die Kompanie wieder befreit. Ihr Kp.Chef, Olt. Herbert Schmidt, ist vier Jahre später als Major i.G. von einem französischen Partisanen hinterrücks erschossen worden. Für den Einsatz in Dombas hatte er das Ritterkreuz erhalten.

Etwa vier Wochen später wurden Dietls Gebirgsjäger von britischen Truppen, die nördlich von Narwik gelandet waren, in arge Bedrängnis gebracht. Die Verbindung über See war durch die englische Flotte unterbunden, einen brauchbaren Landweg gab es nicht, also mußte Hilfe über den Luftweg kommen. Mit ein paar Ju 52 wurde das I./Fsch.Jg.Rgt. 1 tröpfchenweise nach Narwik geflogen und sprang dort. Infolge der geringen Zahl verfügbarer Ju's – alle wurden im Westfeldzug dringend benötigt! – und wegen des herrschenden schlechten Wetters, das einen Anflug mit Absprung oft unmöglich machte, dauerte es zwölf Tage, bis dies eine Bataillon nach Narwik überführt war. Mit seinen Gebirgsjägern und den Matrosen der in Narwik untergegangenen Zerstörer, die tapfer Seite an Seite mit anderen Soldaten kämpften, und mit Hilfe der Fallschirmjäger, konnte Dietl die Lage wenden. Die Briten verließen Narwik, und die deutschen Truppen konnten in die Stadt einmarschieren. An ihrer Spitze zog das Bataillon des Major Walther in Narwik ein.

Bei Narwik:
Schwierige Landung in Schnee und auf Felsen!

At Narvik: Difficult landing in snow and on rocks!

Dieser Einsatz des I./Fsch.Jg.Rgt. 1 ist unter den Ereignissen des Westfeldzuges weitgehend unbeachtet geblieben. Sehr zu Unrecht, denn die Gefechte gegen die tapferen Engländer waren ebenso hart, wie die Wetterbedingungen 200 Kilometer nördlich des Polarkreises.
Da General Student seine Fallschirmtruppe wieder brauchte, wurden vom 25. bis 30. Mai Gebirgsjäger zur Ablösung nach Narwik geflogen. Sie sind dort wegen fehlender Landemöglichkeiten abgesprungen, ohne daß sie eine Sprungausbildung bekommen hatten! Die Truppenführung hatte diese außergewöhnliche Transportmethode genehmigt, nachdem tiefer Schnee weiche Landungen der unausgebildeten Springer gewährleistete. Eine tolle Leistung der wackeren Gebirgsjäger!

Hauptmann Erich Walther (hier ein späteres Bild) befehligte das Narwik-Bataillon (I.) des Fallschirmjäger-Regiment 1. Er erhielt dafür das Ritterkreuz. Im März 1944 wurde ihm das Eichenlaub, am 1. Februar 1945 die Schwerter verliehen.
In Italien führte er das 4. Fallschirmjäger-Regiment. Später übernahm er eine Division des Panzer-Korps "Hermann Göring". Der General wurde in den schweren Kämpfen in Ostpreußen verwundet und erlebte das Kriegsende in Stendal.
Bei Übergabe dieses Gebiets an die Sowjets wollten ihn die Engländer mitnehmen, er lehnte dieses aber ab. Die Russen verschleppten ihn dann in ein Lager nach Sibirien, wo er elend umgekommen ist.

Capt. Erich Walther (here, a later photo) commanded the Narvik Battalion (1st) of Parachute Regiment 1. For that, he received the Knight's Cross. In March 1944, he received the oak leaves to it, and on 1st February 1945, the swords.
In Italy, he led the 4th Parachute Regiment. Later, he took command of a division of the Panzer Corps "Hermann Göring".
The General was wounded in heavy fighting in East Prussia and survived the end of the war in Stendal.
When this area was handed over to the Soviets, the British wanted to take him with them, but he refused. The Russians dragged him off to a camp in Siberia where he suffered a miserable death.

Dieses Foto gibt einen Begriff von den Geländeschwierigkeiten bei Narwik, wo die Fallschirmjäger – oft ohne Unterkunft! – in Kälte und Sturm Tag und Nacht kämpften

This photo gives an indication of the difficult terrain around Narvik where the paratroopers, often without a roof over their heads, fought day and night in snow and ice.

Ein buntes Gemisch von Marinesoldaten, Gebirgs- und Fallschirmjägern kämpfte bei Narwik in vorbildlicher Kameradschaft.

A colourful mixture of naval troops, mountain soldiers and paratroopers fought in Narvik in close co-operation.

Bei Narwik gefangene Briten.

British prisoners taken at Narvik.

Oberleutnant Fritz Becker vor seiner Kompanie in Börnfjell.

1st Lt. Fritz Becker in front of his company at Börnfjell.

DIE OFFENSIVE IM WESTEN

Sofort nach dem Polenfeldzug begann die Planung des Westfeldzugs. Hier wurden im Verlauf der Vorbereitungen für verschiedene Feldzugsentwürfe stets entscheidende Aufgaben für die Fallschirmtruppe eingeplant, weswegen Student für den dazwischengekommenen Norwegenkrieg auch nicht mehr als ein Btl. zur Verfügung stellen konnte. Schon am 27. Oktober 1939, als Student erstmals in der Reichskanzlei mit Hitler sprach, sagte ihm dieser: Der erste Einsatz der Fallschirm- und Luftlandetruppe müsse mit aller Kraft und Kühnheit an entscheidender Stelle durchgeführt werden, damit diese überraschend eingesetzten Truppen auch ausschlaggebende Erfolge erkämpfen könnten.

Schon damals wurde ins Auge gefaßt, das starke belgische Sperrfort Eben Emael und die Brücken am Albertkanal zu nehmen und offen zu halten, um der folgenden 6. Armee den schnellen weiteren Vorstoß zu ermöglichen. Die Masse der Fallschirmjäger sollte gegen das "Reduit National", eine moderne Befestigungslinie in Belgien (150 Kilometer hinter der Grenze im Raum Gent), eingesetzt werden.

Der Angriff im Westen begann nicht, wie von Hitler ursprünglich geplant, am 12. November 1939, sondern verzögerte sich aus allen möglichen Gründen. Vor allem war gutes Flugwetter über längere Zeit eine Voraussetzung: In den bisherigen Kämpfen hatte sich gezeigt, daß der Einsatz der Luftwaffe – und dabei vor allem auch der gefürchteten Stukas – schwergewichtig dazu beitrug, die Operationen in Fluß zu halten. So verging der ganze Winter 1939/40. Es blieb nicht aus, daß neue Planungen dabei bedacht und ausgearbeitet wurden: Neben dem Einsatz gegen das Reduit wurde ein Einsatz im Raum Namur vorbereitet. Schließlich befahl Hitler einen dritten Plan, nämlich die "Festung Holland" aufzubrechen. Am 10. Januar machte Hitler diese Planung in einer Besprechung den Oberbefehlshabern der Wehrmachtsteile bekannt und bestimmte den 17. Januar zum ersten Angriffstag.

Zur gleichen Stunde dieser Besprechung fiel der gesamte Plan in die Hände des Gegners! Ausgerechnet ein Fallschirm-Offizier, Major Reinberger, verflog sich mit einem befreundeten Major als Flugzeugführer auf dem Flug zu einer Besprechung beim VIII. Fl.Korps. Reinberger hatte – entgegen den Bestimmungen, die eine Mitnahme von Chefsachen im Flugzeug strikt verboten – die gesamten Pläne des Angriffs bei sich. Als der Kuriermaschine, einer Me 108, der Sprit ausging, landeten die beiden Offiziere in – Belgien! Zwar versuchte Reinberger die wichtigen Pläne noch zu verbrennen, er hatte aber weder Feuerzeug noch Streichhölzer bei sich. Er bat den belgischen Gendarmen, der zu der Maschine kam, um Feuer für eine Zigarette. Dabei nahm er dem Beamten die Streichhölzer weg und versuchte, die Akten zu entflammen. Aber in dem dicken Ordner verbrannten dabei nur einige Blätter. Als Reinberger später von einem belgischen Offizier vernommen wurde, machte er wieder einen Versuch zur Vernichtung: er entriß ihm das Aktenbündel und steckte es in den brennenden Ofen! Aber auch dieser Versuch hatte nur einen kleinen Erfolg, denn der Offizier sprang hinzu und holte das brennende Bündel wieder heraus! So abenteuerlich war diese ganze Sache, daß die Belgier überzeugt waren, sie sollten durch eine vorgespielte Aktion des

Einsatzplanungen:
1. Gent
2. Namur
3. Festung Holland
4. Eben Emael

xxx befestigte Linien

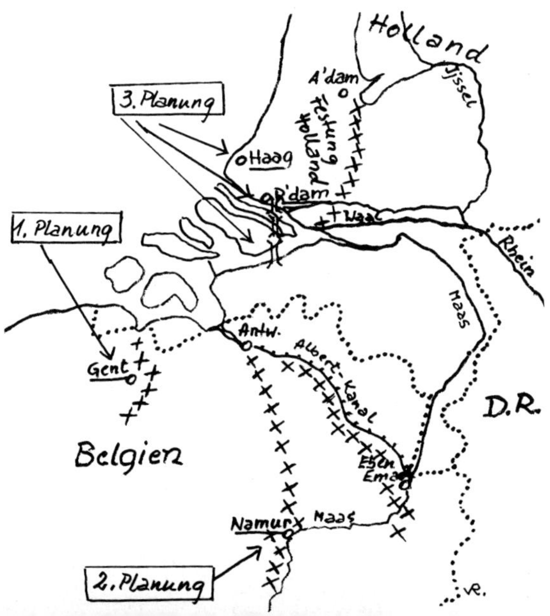

Geheimdienstes auf eine irrige Fährte gesetzt werden. Wie konnte ein kleiner Major, noch dazu auf eine in Deutschland verbotene Art (Beförderung im Flugzeug) zu diesen wichtigen Akten kommen und sich damit in seltsamer Weise verfliegen? Nein, das Ganze erschien den Belgiern so unglaubwürdig, daß sie die Sache nicht ernst nahmen – das konnte nur ein Täuschungsmanöver der deutschen Abwehr sein! Göring tobte, als er den Vorfall erfuhr, es war ein Glück für den unglückseligen Reinberger, daß er nicht greifbar, sondern in Belgien interniert war! Anders Hitler. Er blieb merkwürdigerweise recht gelassen, überlegte zwar, ob er nicht sofort losschlagen solle, verwarf die Absicht aber wieder, weil das Wetter dazu nicht gut genug war und vielerseits Einwände erhoben wurden, die Zeit sei zu kurz. So wurde der Einsatz zwar verschoben, aber weitere Konsequenzen nicht gezogen. Nur der Chef der Luftflotte 2, General Felmy, der für die Verteilung der Planungsunterlagen zuständig war, wurde wegen des Vorwurfs zu weitgehender Verteilung von Chefsachen durch General Kesselring abgelöst und sein Generalstabschef Kammhuber auf Befehl Görings aus dem Generalstab entfernt. Erst vier Wochen später wurde der Aufmarschplan West, der dem Gegner bekannt geworden war, durch den "Manstein-Plan" ersetzt, der den Einsatz modifizierte. Diesem Plan entsprechend erhielt General Student von Hitler folgende Aufträge:

1. Die wichtigen Brücken, die von Südwesten in die Festung Holland führen, bei Moerdijk, bei Dordrecht und bei Rotterdam sind zu nehmen und für die 18. Armee offenzuhalten.
2. Die Hauptstadt Den Haag ist zu besetzen und damit die militärische und politische Führung auszuschalten.
3. Das Sperrfort Eben Emael und drei nördlich gelegene Brücken über den Albert-Kanal sind mit Lastenseglern durch vier Sturmgruppen anzugreifen. Die Geschütze des Forts sind auszuschalten, die Brükken zu nehmen und für nachfolgende Heerestruppen offenzuhalten.

Diesen Aufträgen gemäß wurde der Angriff dann am 10. Mai durchgeführt.

Die Zwischenzeit wurde in der Fallschirmtruppe zu intensiver weiterer Ausbildung genutzt. Besonders betroffen waren die Soldaten der Sturm-Abt. Koch. Der Auftrag zur Wegnahme des Forts Eben Emael konnte nur gelingen, wenn eine völlige Überraschung gewährleistet war und die Geheimhaltung gewahrt blieb. Immer wieder wurden die Angriffsaufgaben am naturgetreuen Modell im Sandkasten geübt. Wochenlang hatten die Männer keinen Ausgang und wurden in den Kasernen besser bewacht als Verbrecher im Gefängnis – kein Kontakt mit der Außenwelt wurde gestattet. Als die Lastensegler zur Einsatzmontage nach Köln transportiert wurden, geschah dies getarnt in Möbelwagen. Bei der Ankunft auf dem Flughafen durften die Flieger in den Wohnblöcken nicht an die Fenster treten, und alle Fenster mußten geschlossen bleiben. Posten der Sturm-Abt. überwachten diese Anordnungen mit geladenen Gewehren! Die Hallen für den Zusammenbau waren mit Stacheldrahtrollen gesichert wie Stellungen an der Front. Niemals standen die Hallentore offen. Zur Zerstörung der schweren Panzerkuppeln des Forts waren neuartige Sprengladungen vorgesehen, sogenannte Hohlladungen. Durch focusartige Konzentration der Sprengkraft durchschlugen sie tatsächlich bis 28 cm Panzerung und hatten noch Wirkung in den tiefer liegenden Kampfräumen.

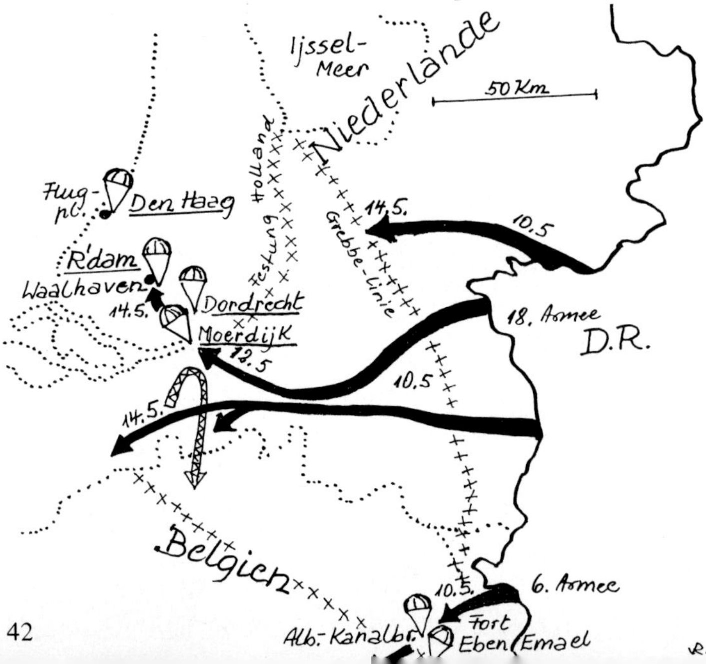

Die Skizze vom Verlauf des Angriffs auf Holland verdeutlicht die strategische Bedeutung der Fallschirmeinsätze im Süden der "Festung Holland". Während der frontale Durchbruch durch die "Grebbe-Linie", die aus Feldstellungen und festen Werken gebildet wurde und an Wasserlinien angelehnt war, bis zum 14. Mai verhindert wurde, erlaubte die Inbesitznahme der Brücken bei Moerdijk, Dordrecht und Rotterdam zum gleichen Zeitpunkt den Vorstoß bis nach Rotterdam und damit ins Herz der Festung Holland.

This sketch of the route of the attack on Holland makes clear the significance of the parachute drops in the south of the "Fortress Holland". A frontal breakthrough through the "Grebbe Line", which consisted of field positions and fixed installations, was declined, and held up until 14th May, the capture of the bridges at Moerdijk, Dordrecht and Rotterdam simultaneously, allowed the advance to reach Rotterdam and thus into the heart of Fortress Holland.

FORT EBEN EMAEL

Das moderne Fort Eben Emael war gegen Osten und Norden durch den Albert-Kanal und einen Stichgraben gesichert. Die anderen Seiten waren durch hohe Betonmauern panzersicher gemacht.

The modern fortress at Eben Emael was protected to the east and north by the Albert Canal and a trench. The other sides were made tank proof by high concrete walls.

Zwei Werke des Forts, das über zwei Dutzend solcher Anlagen verfügte.

Part of the works of the fort which had over two dozen such installations.

Der Angriff auf das Fort Eben Emael und die dicht bei ihm gelegenen Brücken über den Albert-Kanal eröffnete den Westfeldzug am 10. Mai mit einem Paukenschlag. Noch bei völliger Dunkelheit starteten um 4.30 Uhr 42 Lastensegler von den Flugplätzen um Köln, die die Sturmabteilung Koch auf einer am Boden markierten Leuchtstraße an ihre Ziele bringen sollte. Die Gruppe "Granit", die von Oberleutnant Witzig gegen das Fort geführt wurde, hatte dabei gleich anfangs ein Mißgeschick: Nach dem Start kamen sich zwei Schleppzüge so in die Quere, daß das Schleppflugzeug mit Witzigs Lastensegler eine abrupte Ausweichbewegung ausführen mußte. Dabei riß der Segler ab und mußte bei Köln notlanden. Witzig gelang es, in Köln-Ostheim eine Ersatz-Ju zu beschaffen, die am Lastensegler landen und mit dem Segler im Schlepp sogar wieder starten konnte. Er landete drei Stunden später inmitten seiner kämpfenden Jäger auf dem Fort, die unter der umsichtigen Führung des Fw. Wenzel schon eine Reihe von Aufträgen ausgeführt hatten: 55 Fallschirmpioniere hatten eine Menge der schweren Panzerkuppeln und Geschützscharten vernichtet! Unter dem Feuer anderer belgischer Artillerie, die dann das eigene Fort beschossen, ging der Kampf weiter. "Geballte Ladungen wurden an den unteren Aufgängen der Werke 12, 13 und 19 zur Detonation gebracht. Bis zu 100 Kilo Sprengstoff haben in der Enge der Gänge verheerend gewirkt", berichtete Witzig später. Am nächsten Morgen erreichte Fw. Portsteffen vom Pionier-Btl. 51 als erster Trupp des Heeres die Werksgruppe, gegen Mittag kamen weitere Heeresteile über die Westecke herauf, und die über 700 Mann starke Besatzung des Forts kapitulierte!
Von den drei Kanalbrücken sind zwei unversehrt in deutsche Hand gefallen, nur bei einer konnte die Sprengung nicht verhindert werden.
Die Erfolge dieses Einsatzes – besonders auf dem Fort – waren auch für Fachleute so überraschend, daß sich viele Legenden um diesen Kampf bildeten. Aber es wurde weder ein Tunnel in das Fort Eben Emael gegraben noch sind Fallschirmjäger in belgischen Uniformen oder gar als Bäuerinnen verkleidet abgesprungen, wie ausländische Zeitungen behaupteten.

Verheerende Wirkung der Sprengladungen an Geschützrohr und Beobachtungs-Kuppel.

The devastating effect of explosive charges on a cannon barrel and observation turret.

Der Eingang zum Fort. Auf dem unteren Bild ist der Eingang links unten zu erkennen. Man sieht den Stichkanal und die Sicherungsmauern.

The entrance to the fortress. The branch canal and safety walls can be seen.

Die Führer der Kampfgruppen bekamen das Ritterkreuz.
(Von links) Leutnant Delica, Oberleutnant Witzig, Hauptmann Koch, Oberleutnant Zierach, Hitler, Leutnant Ringler, Leutnant Meissner, Oberleutnant Kiess, Oberleutnant Altmann, Oberarzt Dr. Jäger.

The squad leaders got the Knight's Cross.
(From left) Lt. Delica, 1st Lt. Witzig, Capt. Koch, 1st Lt. Zierach, Hitler, Lt. Ringler, Lt. Meissner, 1st Lt. Kiess, 1st Lt. Altmann, Staff Surgeon Dr. Jäger.

Vier Obergefreite bei der ersten Zigarette nach dem Kampf: (v. links) Eddi Schmidt, Franz Becker, Janowski, Polzin. Noch sind die Anstrengungen des Kampfes zu sehen.

Four corporals smoking their first cigarette after the battle: (from left) Eddi Schmidt, Franz Becker, Janowski, Polzin. The strain of battle is still apparent.

Kameraden der Sturmgruppe "Granit" stehen bei späterer Besichtigung auf einer der Panzerkuppeln (vorn: Obergefreiter Lorenz).

Comrades of the assault group "granite" standing on a tank turret during a later visit. (Front Corporal Lorenz).

Dieses Luftbild der zerstörten Eisenbahnbrücke bei Roermond, etwa 30 Kilometer nördlich von Eben Emael und nur zehn Kilometer von der Reichsgrenze entfernt, zeigt, wie wichtig es war, die Brücken am Albert-Kanal unversehrt in die Hand zu bekommen. Ihre Zerstörung hätte den schnellen Vormarsch des Heeres, der zum Entsatz der Fallschirmtruppe nötig war, bedeutend behindert.

This air photo of the destroyed railway bridge at Roermond, about 30 kilometres to the north of Eben Emael and only 10 kilometres from the German border, shows how important it was to seize the bridges over the Albert Canal undamaged. Had they been destroyed, then the rapid advance of the army which was needed to support the paratroopers, would have been held up.

DFS 230 – zehn Mann *DFS 230 – ten men.*

DIE LASTENSEGLER DER FALLSCHIRMTRUPPE

Gliders of the parachute arm

Go 242 – 23 Mann *Gotha 242 – 23 men.*

Gleich nach dem Polenfeldzug wurde in Hildesheim die "Sturm-Abteilung Koch" aufgestellt. Aus ihr bildete sich später das Fsch.-Sturm-Rgt. Diese Truppe war auf blitzschnellen Überraschungsangriff spezialisiert. Sie sollte teils im Absprung, teils auf Lastensegler unmittelbar ans Ziel gebracht werden.

Im Lastensegler saßen zehn Mann hintereinander auf einem Sitzbalken. Schon weit entfernt vom Ziel ausgeklinkt, konnten die kleinen Maschinen, oft aus der Sonne kommend und ohne alarmierenden Motorenlärm, anschweben und zuletzt nach Sturzflug unmittelbar im Ziel landen. Die Landegeschwindigkeit des Gleiters wurde ab 1941 von einem Bremsschirm abgefangen. So gelandet, betrug die benötigte Strecke nur zwischen 25 und 50 Meter! Später wurden im Bug zusätzlich noch Bremsraketen eingebaut, die die Landestrecke weiter minderten.

Lastensegler DFS 230 hatten an den Einsätzen von Eben Emael und Korinth, auf Kreta und bei der Mussolini-Befreiung entscheidenden Anteil.

Ab 1941 waren größere Lastensegler in Entwicklung, die den Fallschirmjägern schwere Waffen – vor allem Artillerie – auf das Gefechtsfeld bringen sollten. Diese Typen waren die Go 242 und die riesige Me 321 sowie deren spätere motorisierte Version Me 323.

Mit Ausnahme des Lufttransports der 1. Fsch.Div. 1943 nach Sizilien ist die Go 242 jedoch mit Fallschirmtruppen zusammen nicht mehr zum Einsatz gekommen. Bei der Me 321 – sie ist bis heute mit über 20 Tonnen Zuladung das größte Lastenseglerflugzeug der Welt geblieben! – ergaben sich große Probleme beim Schleppen dieses Seglers. Es gab kein Flugzeug, das mit solcher Last auf den kurzen Rollbahnen der Einsatzflughäfen starten konnte. Aushilfslösungen wie der Troikaschlepp durch drei Me 210 (2-mot Zerstörer) oder der Tandemschlepp mit zwei He 111 erwiesen sich in der Praxis als zu unfallanfällig. Heinkel konstruierte eigens zum Schlepp dieses Riesen die He 111 Z, indem er zwei He 111 einfach nebeneinander zusammenbaute, aber zur Fertigung in größerer Serie fehlten damals schon die Mittel. So verfiel man auf den Ausweg, den Riesensegler mit Gnome-Rhône-Beutemotoren französischer Fertigung auszurüsten. Es entstand die Me 323, die immerhin noch gut 14 Tonnen transportieren konnte und vor allem einen großen Laderaum bot.

Die Großsegler und Me 323 wurden bei Versorgungsflügen an der Ostfront in die großen Kessel und an abgelegenen Fronten, z. B. nach Afrika, verbraucht. Am 22. April 1943 wurden 14 nach Tunis fliegende Me 323, die den schwer kämpfenden Afrika-Truppen Sprit bringen sollten, allesamt abgeschossen. Sie versanken mit 119 Offizieren, Unteroffizieren und Mannschaften und mit 170 Tonnen Benzin im Mittelmeer. Nur 19 Mann haben überlebt. – Bis dahin hatten die Me's in über 1.000 Flügen 15.000 Tonnen Kriegsmaterial nach Tunis geflogen, dabei über 600 Geschütze bis hin zu 15 cm-Kalibern, Pak, Flak und über 350 Zugmaschinen und Lkws. Auch unsere Fallschirmjäger – die Reste der Brigade Ramcke, das Fsch.Jg.Rgt. 5 und die Kampfgruppe Witzig – bekamen davon ihren Anteil.

Troika-Schlepp von DFS 230 hinter der Ju 52.

DFS 230 im Schlepp der Ju 87: Anflug nach Kreta. *DFS 230 being towed by a Junkers 87: flight to Crete.*

Sturzflug ans Ziel mit geöffnetem Bremsfallschirm.

Nosedive onto the target with opened brake chute.

Kampfbereit springt die Besatzung nach der Landung aus dem Lastensegler. Zur Verringerung der Landestrecke sind die Kufen mit Stacheldraht umwickelt.

Ready for action, the crew jump out of the glider after landing. To reduce the landing distance, the skids are wrapped with barbed wire.

Vor dem Start macht der Flugabwehrschütze im LS sein MG 15 klar.

Before starting off, the gunner in the LS clears his MG 15.

Die DFS 230 C 1 mit eingebauten Bremsraketen zur Verminderung der Landestrecke.

The DFS 230 C1 with built-in retro-rockets to reduce the landing distance.

Im Anflug auf Kreta.

On the flight to Crete.

Landung am Tavronitis bei Kania.

Landing on the Tavronitis in Cania.

Ein Schleppzug Go 242 mit He 111 startet.

A towing glider Gotha 242 started by a Heinkel 111.

Go 242 auf dem Weg nach Sizilien 1943.

Gotha 242 on its way to Sicily in 1943.

Der Großsegler Me 321 schleppte 20 Tonnen!

The giant Messerschmitt 321 glider carried 20 tonnes!

Das riesige "Maul" der mot.-Version Me 323. Tragfähigkeit 14 Tonnen.

The "Maul" ("mouth") was the motorized version of the Me 323. Its payload was 14 tonnes.

FESTUNG HOLLAND

An den Brücken zur Festung Holland verlief der Fallschirmeinsatz planmäßig. Die Überraschung gelang, die Brücken fielen sämtlich unversehrt in deutsche Hand und konnten auch gegen die Angriffe der Holländer gehalten werden. Während die Franzosen, die den Holländern zu Hilfe kommen wollten, vor Moerdijk wieder umdrehten, nachdem sie die Besetzung festgestellt hatten, entwickelten sich bei Dordrecht und vor Rotterdam schwere Gefechte mit den Holländern, die sich bis zum Einsatz durch die Heerestruppen hinzogen.

Im Raum um Den Haag dagegen war die Lage von Anfang an kritisch. Von den umliegenden drei Flugplätzen konnte nur Valkenburg erobert werden. Hier aber konnten die Ju 52 nicht planmäßig landen: der Platz war noch im Ausbau befindlich und der Boden des Rollfeldes so weich, daß die gelandeten Ju's versanken und unbeweglich liegengeblieben den Platz für weitere Landungen sperrten. Eine planmäßige Landung der den Fallschirmjägern nachfolgenden 22. I.D. war also nicht möglich, und die im Feindfeuer gelandeten Ju in Ypenburg und Ockenburg oder die im freien Gelände gelandeten Ju konnten nicht genügend Kräfte nachführen. So bildeten sich eine ganze Reihe abgeschnittener oder eingekesselter Kampfgruppen, die zwar sehr viele holländische Truppen banden, die aber den Auftrag zur Ausschaltung der Hauptstadt nicht erfüllen konnten.

Ein Grund für diesen Mißerfolg war die schlechte Erkundung der drei Flugplätze um Den Haag, ein anderer lag im schlechten Absetzen der Fallschirmtruppe, wo beispielsweise ein Teil der 3./Fsch.Jg.Rgt. 2 statt in Ockenburg 12 Kilometer entfernt bei Hoek van Holland abgesetzt wurde und der dritte Zug dieser Kompanie in Valkenburg statt bei Ockenburg! Diese Pannen führten später zur Ausbildung von besonderen "Absetzleitenden", Fallschirmjägern, die kurz vor dem Sprung den Befehl in der Transportmaschine übernahmen und sie ans Ziel führten. Solche Erfahrungen sind Ergebnisse des Ernstfalls, man kann sie vorher meist nicht abschätzen.

Ein besonders tragisches Ereignis war die Bombardierung von Rotterdam, bei der ein ganzer Stadtteil nicht durch Bomben, sondern durch einen großen Flächenbrand, der nach der Bombardierung entstand, vernichtet wurde. In dem alten Stadtteil, in dem Haus an Haus gebaut war, waren weder Brandbomben noch Phosphorkanister abgeworfen. Trotzdem entstanden Brände durch zerstörte Gasleitungen und Feuerstellungen, die der Wind zu zusammenhängenden Feuerfeldern entflammte, die sich dann im entstehenden Feuersturm immer weiterfraßen. So entstand für Rotterdam eine Katastrophe, deren Tragik darin liegt, daß eine Bombardierung der Stadt zum Zeitpunkt des Bombenwurfs gar nicht mehr beabsichtigt war. Infolge unzureichender Nachrichtenverbindungen konnten die zur Bombardierung gestarteten Fliegerverbände nicht mehr umgeleitet werden, und die roten Leuchtzeichen, die als zusätzliches Abwurfverbot verabredet waren, wurden bei der schlechten Sicht – der Qualm des seit Tagen brennenden großen Passagierschiffs "Staatendam" zog noch immer über das Gelände – nur von einem Teil der anfliegenden Bomber gesehen. Ein den Bomberverbänden nachjagendes Jagdflugzeug, das den Bombenwurf verhindern sollte, erreichte sie nicht mehr rechtzeitig. So warfen 57 Flugzeuge rund 100 Tonnen 250 kg- und 50 kg-Bomben auf Rotterdam, 43 Maschinen erkannten die Leuchtzeichen, die unter vielen anderen auch vom Ia der Fliegerdivision 7, Major Trettner, abgeschossen wurden, und warfen ihre Bomben nicht. Zweifellos aber hat auch der Stadtkommandant Rotterdams eine große Mitschuld an der unglücklichen Bombardierung, weil er die Übergabe der Stadt herauszuzögern versuchte und auf bürokratischen Voraussetzungen bestand, so daß eine Verlängerung des Waffenstillstands in letzter Minute die deutsche Führung in ärgste Zeitnot brachte.

Nach amtlichen holländischen Angaben fanden etwa 850 Zivilisten bei dem Bombardement den Tod. Die alliierte Propaganda bauschte die 100 Tonnen abgeworfener Bomben zur "totalen Vernichtung Rotterdams" auf, weil die deutsche politische Führung versäumte, eine international kontrollierte Untersuchung zu führen. Als 1947 eine holländische Untersuchung erfolgt war, verzichtete die Regierung der Niederlande auf eine Anklage wegen Kriegsverbrechens, obwohl das besiegte Deutschland damals leicht anzuklagen war.

So endete der Kampf um die Niederlande mit einem recht unglücklichen Ereignis.

Schon nach den ersten Erfolgen der Fallschirmtruppe – nach der Ausschaltung des Forts Eben Emael und der Inbesitznahme der Brücken zur Festung Holland am 11. Mai 1945 – ordnete Hitler eine Vergrößerung der deutschen Fallschirmtruppe an.

Anderthalb Kilometer lang waren die Straßen- und Eisenbahnbrücken bei Moerdijk über den Waal und an ihrer Ostseite von einem mächtigen Betonbunker gesichert.

The road and rail bridge over the Waal at Moerdijk was one and a half kilometres long and protected on its eastern side by a mighty concrete bunker.

Absprung über Holland.

Jumping out over Holland.

Absprung am Flugplatz Valkenburg: Die Landung erfolgte unmittelbar vor den Feindstellungen (Pfeile).

Jumping out of the Valkenburg airfield. The landing happened directly in the enemy positions (arrows).

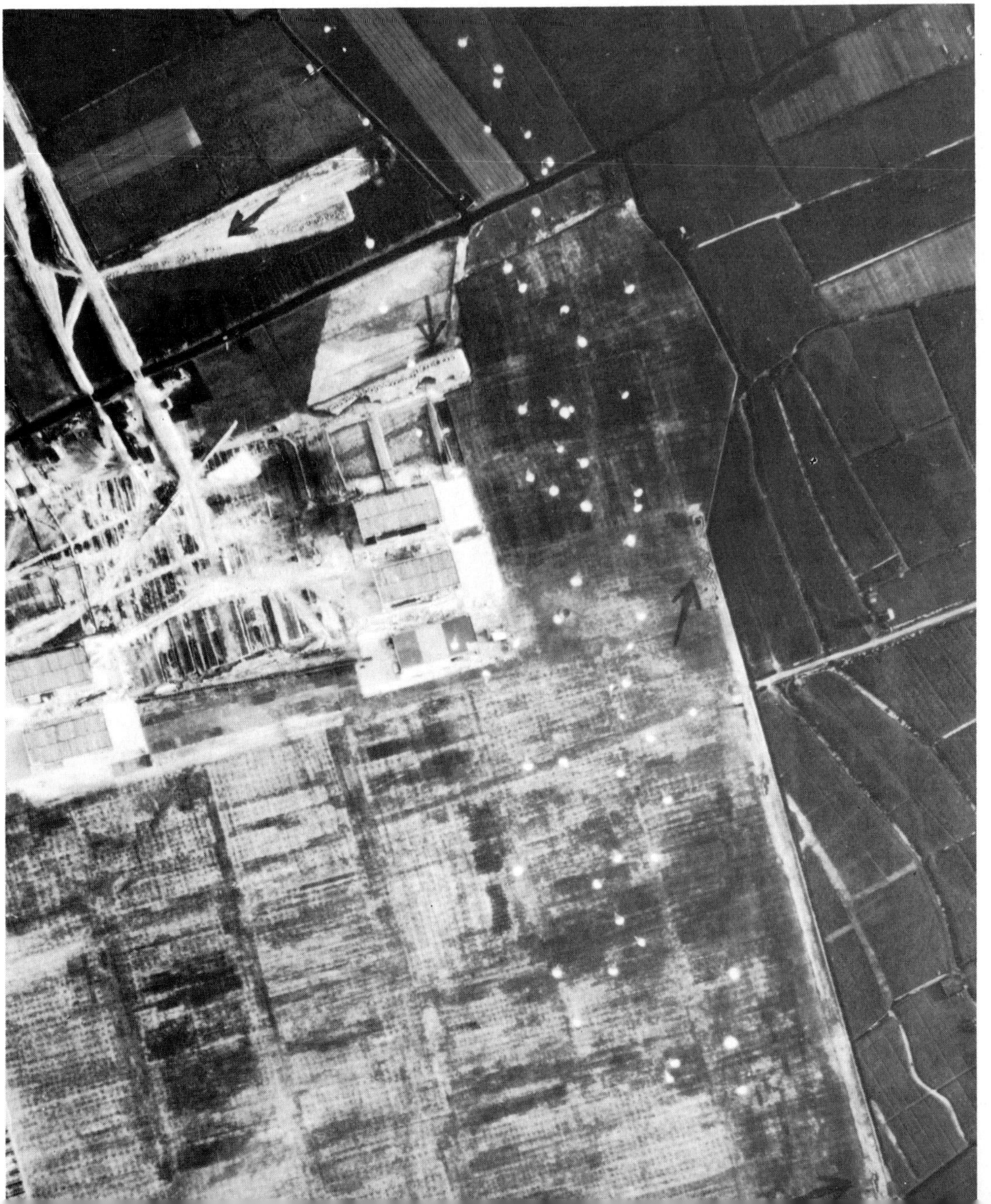

Angriff nach der Landung.

Schwere Kämpfe, Tag und Nacht.

Attack after landing.

Fierce battles, day and night.

Rechts oben:
Wenn das Stativ des Fernrohrs verloren gegangen ist, muß die Schulter des Gefreiten es ersetzen!

Right above: if the stand of a telescope is lost, then the corporal's shoulder must oblige!

Stellungen hinter dem Deich bei Moerdijk.

Positions behind the dyke at Moerdijk.

Gefechtsstand Oberst Bräuer. Stehend der Oberst, sitzend Gf. Schulenburg und liegend Hauptmann Rau.

Colonel Bräuer's command post. Standing, the colonel, sitting Cpl. Schulenburg, lying Capt. Rau.

Gf. Schulenburg nimmt einen Schluck. Daneben – mit weißer Rotkreuzarmbinde – Dr. Müller.

Cpl. Schulenburg taking a mouthfull. Next to him, with a white Red Cross armband, Dr. Müller.

Gefangene holländische Offiziere werden von Oberst Bräuer und Hauptmann Rau verhört. Auf dem Gefechtsstand Fsch.Jg.Rgt. 1.

Captured Dutch officers being questioned by Col. Bräuer and Capt. Rau.

Auf dem Flugplatz Waalhaven zerstörte ein Bombenangriff eine Reihe gelandeter Ju 52. Dieser Angriff wurde von der Air Force geflogen. Aber auch holländische Flugzeuge, wie die Fokker G 1, flogen in den ersten Tagen der Kämpfe vielfache Angriffe.

On the Waalhaven air field, an air raid destroyed a row of landed Junkers 52s. The RAF carried out this attack. Many sorties were also made by the Dutch Air Force in the early days of the war. They used Fokkers G1s.

Sehr hoch waren die Verluste an Transportmaschinen, die in Ypenburg und Ockenburg im Feindfeuer landeten und durch die Leuchtspurmunition sofort Feuer fingen und ausbrannten. Auch die Verluste der 22. Infanterie-Division, die auf diese Plätze geflogen wurde, waren groß.

Losses of air transports were very high. Those that landed in Ypenburg and Ockenburg were set alight by tracer fire and burned out. The losses suffered by the 22nd Infantry Division which was air transported to these air fields were also high.

Zahlreiche Maschinen versuchten Außenlandungen wie diese auf der Autobahn zwischen Den Haag und Delft.

Numerous machines attempted to land on the motorway between The Hague and Delft, like this one.

Am Radio hört die Truppe Meldungen über den Kampfverlauf. Wie weit ist das Heer? Werden wir bald entsetzt?

The troops are listening to radio reports about the progress of the war. How far has the army advanced? Will we soon be in action?

Unten:
In Holland haben beide Seiten die Verwundeten des Gegners mustergültig versorgt. Hier werden Holländer von deutschen Sanitätern behandelt.

Below:
In Holland, both sides treated the wounded of the other side in an exemplary manner. Dutch soldiers are being treated by German medics.

Der erste Panzerspähwagen des Heeres ist an den Moerdijk-Brücken eingetroffen! Er wird von Gf. Schulenburg freudig begrüßt (hinter ihm: Oberst Bräuer und Hauptmann Rau).

The first armoured reconnaissance vehicle of the army reaches the Moerdijk bridge! Cpl. Schulenburg joyfully greets it. (Behind him: Col Bräuer and Capt. Rau).

In langer Reihe gehen holländische Gefangene in die Gefangenschaft. Sie ist nur kurz, denn die holländischen Soldaten werden bald wieder entlassen.

In long rows, the Dutch prisoners are marched off to the camps. They were only held for a short time as the Dutch soldiers were released shortly after.

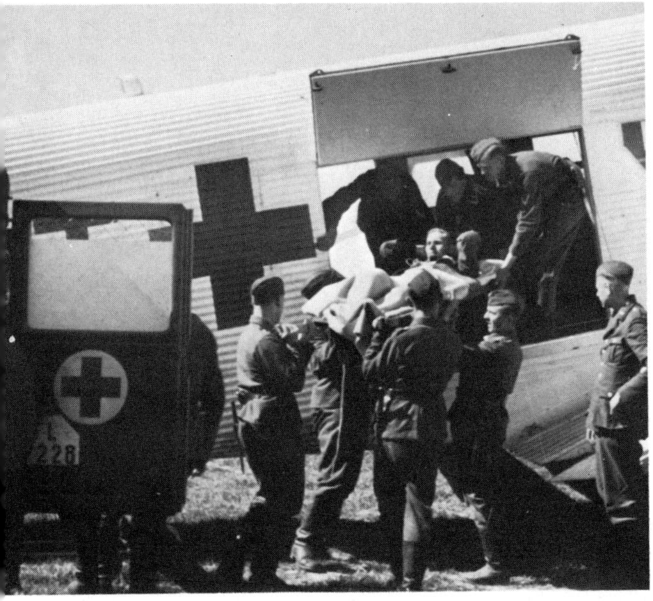

Heimflug deutscher Verwundeter.

German wounded being flown home.

General Students erster Gefechtsstand vor Rotterdam im "Gasthaus zum Wappen".

General Student's first command post before Rotterdam in the "Gasthaus zum Wappen".

Versorgungsabwurf für die Fallschirmtruppe durch He 111. 125 Kilometer vor der deutschen Front erfolgte der Absprung in die Festung Holland. Drei Tage später wurde die Verbindung zum nachrückenden Heer bei Moerdijk hergestellt, und am vierten Tage, dem 14. Mai, kapitulierten die Niederlande. Durch den Mißerfolg der Luftlandungen um Den Haag konnte die Königin über Hoek van Holland nach Großbritannien entkommen.

Supply drop for the paratroops by a Heinkel 111. They were themselves dropped 125 kilometres in front of the German front line. Three days after, a line of communication with the army following up was established at Moerdijk. On the fourth day, on 14th May, the Netherlands capitulated. The air landings around The Hague were unsuccessful as the Queen escaped to Britain via the Hook of Holland.

Vormarsch auf Rotterdam nun auch vom Norden. 3./Fsch.Jg.Rgt. 2 ist Nachhut der Gruppe Sponeck.

Advance on Rotterdam from the north also. 3rd Batt. of Para Regt. 2 is the rearguard of Battle Group Sponeck.

General Student unmittelbar vor Beginn der Verhandlungen über Einzelheiten der Kapitulation vor dem Gefechtsstand des holländischen Stadtkommandanten. Im Ledermantel Major i. G. Trettner, ganz rechts Major Bock. Kurze Zeit später wurde General Student durch eine verirrte Kugel lebensgefährlich am Kopf getroffen.

General Student at the very beginning of the negociations of the capitulation in front of the command post of the Dutch town commandant. Major Trettner in a leather coat, on the far right, Major Bock. Only a short time later, General Student was very seriously wounded in the head by a stray bullet.

Betroffen blicken deutsche und holländische Soldaten auf die Bombardierung von Rotterdam – man könnte meinen, sie wüßten schon um die besondere Tragik dieses Ereignisses. In diesem Bild wird deutlich, wie jeder Kriegssoldat den Krieg verdammt.

Full of consternation, Dutch and German soldiers observe the bombing of Rotterdam. One could almost think that they already knew about the tragedy of this event. This photo clearly shows how every soldier hates war.

Rotterdam am Morgen nach der Brandnacht.

Rotterdam on the morning after the bombing.

Nach dem Ende der Kämpfe.

After the end of the fighting.

Regiments-Appell

Regimental roll-call.

Oberst Bräuer zeichnet Soldaten mit EK aus. *Colonel Bräuer decorating soldiers with the Iron Cross.*

Noch brauchbares Gerät wird auf den Absprungplätzen geborgen . . .

Equipment still in working order is buried on the landing fields.

. . . zurück bleiben zerstörte Orte . . .

. . . the destroyed villages are left behind . . .

. . . zerstörte Panzer . . .

. . . tanks knocked out . . .

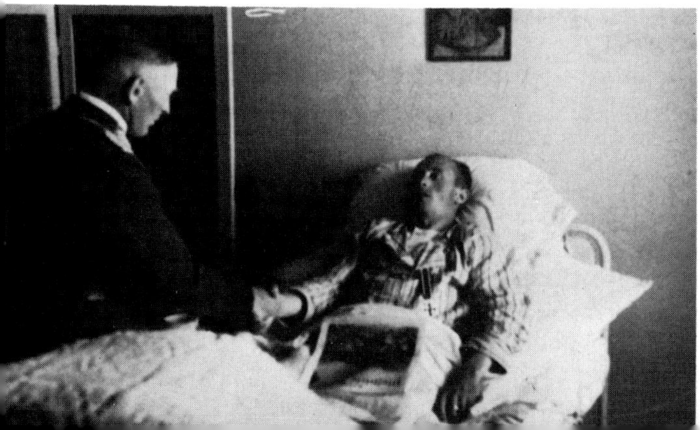

. . . verletzte Menschen. Oberst Bräuer besucht Verwundete.

. . . the wounded. Colonel Bräuer visits them.

GENERAL GRAF VON SPONECK

Graf von Sponeck, Kommandeur der 22. Inf.Division.

Count von Sponeck, commander of the 22nd Infantry Division.

Das Mißlingen der Luftlandungen zur Ausschaltung der niederländischen Hauptstadt Den Haag und der Regierung kann dem Kommandeur der 22. Inf.Division nicht angelastet werden. Im Gegenteil: Schon beim Anflug war aus der Luft erkennbar, daß die Landungen der Ju's nicht wie geplant durchführbar waren. Die Flugplätze um Den Haag waren durch steckengebliebene und durch Feindfeuer in Brand geratene Maschinen blockiert. Trotzdem ließ der General Graf von Sponeck die Landung seines Flugzeugs erzwingen. Es ging dabei am Strand bei Ockenburg zu Bruch – aber der General wollte seine gelandeten Truppenteile nicht im Stich lassen. Er sammelte nach der Bruchlandung eine kleine Gruppe von Soldaten seiner Division und ein paar Fallschirmjäger, igelte sich ein und band auf diese Weise holländische Kräfte. Nach dem Befehl zum Durchbruch in Richtung Rotterdam zog er mit dieser kleinen Schar kämpfend bis nach Schiedam und Overschie und riegelte Rotterdam nach Norden hin ab.
Generalfeldmarschall Kesselring schreibt in seinen Memoiren darüber: "Ich konnte zu meiner Feude feststellen, daß Gen.Major Graf von Sponeck . . . eine einsichtsvolle, energische und wendige Führerpersönlichkeit war . . ."
Im Dezember 1942 befehligte Generalleutnant Graf von Sponeck das 42. A.K. auf der Krim und konnte mit seinen schwachen Kräften die russischen Landeköpfe beiderseits der Stadt Kertsch bis auf einen kleinen Rest beseitigen. Als dann neue sowjetische Landungen weit in seinem Rücken bei Feodosia durch die wenig kampffreudigen Rumänen nicht verhindert wurden, hielt der geschulte Generalstäbler seine Lage für aussichtslos und gab der 46. Division den Rückzugsbefehl, um wenigstens die geschwächte Kampfkraft dieser Division zu erhalten. Ein Gegenbefehl erreichte den General nicht mehr. Dieser Rückzugsbefehl wurde auch von dem Befehlshaber der Armee, dem Generalfeldmarschall von Manstein, für übereilt gehalten und Graf Sponeck seines Kommandos enthoben. Etwas später verurteilte ein Kriegsgericht in kurzer Verhandlung und ohne daß eine Stellungnahme seiner Befehlshaber eingeholt war, den General zum Tode. So unsinnig erschien dieses Urteil, daß sogar Hitler das Urteil in Festungshaft umwandelte.
Obwohl Manstein sachlich anderer Auffassung über Sponecks Rückzugsbefehl war, schreibt der Feldmarschall: "Ich habe sofort, nachdem ich das Urteil erfahren hatte . . . mich vor den Grafen Sponeck gestellt und gefordert, daß ich zunächst noch einmal gehört werden müsse. Feldmarschall von Bock hat sich dieser Stellungnahme voll angeschlossen. Das Ergebnis war eine Antwort Keitels, in der dieser unsere Auffassung in völlig unbegründeter schroffer Form zurückwies. Immerhin erfolgte die erwähnte Änderung des Urteils durch Hitler. General Graf Sponeck hat dann die nächsten Jahre auf der Festung Germersheim verbringen müssen. Mehrfache Versuche von mir, seine völlige Rehabilitierung zu erreichen, blieben erfolglos. Er ist dann schamloserweise auf Befehl Himmlers nach dem 20. Juli 1944 erschossen worden, eine Tatsache, die erst nach Kriegsende bekannt wurde. Sein Andenken, als das eines Soldaten von Ehre und eines Führers mit Verantwortungsbewußtsein, wird von allen denen, die ihn gekannt haben, in Ehren gehalten werden."
Auch wir Fallschirmjäger, die wir mit ihm zusammen gekämpft haben, denken so. Der Mord an Generalleutnant Hans Graf von Sponeck war eine Schandtat des politischen Systems.

Führer und Unterführer der 9./Fsch.Jg.Rgt. 1 (zur Tarnung der Truppengattung sind die Springerabzeichen vor dem Einsatz abgelegt).
Von links untere Reihe: Unbekannt, Feldwebel Nuklies, Hauptfeldwebel Dallinger, Oberleutnant Rauch, Oberleutnant Gessner, Oberleutnant Knacke, Feldwebel Uhlemann, Feldwebel Pfeiffer, unbekannt, Feldwebel Kobowski.
Mittlere Reihe: Feldwebel Rehländer, Oberjäger Stolth, Oberjäger Tröge, Oberjäger Fleischhauer, unbekannt, Oberjäger Mattulat, unbekannt, Oberjäger Geisler, Feldwebel Troska, Oberjäger Walter, Feldwebel Hasselbrink, Feldwebel Kramer.
Obere Reihe: Unbekannt, Oberjäger Praast, Oberjäger Ranneberg, Oberjäger Reinhardt, Oberjäger Rattay, unbekannt, unbekannt, Oberjäger Reinhold, unbekannt, unbekannt, Oberjäger Herchenhahn.

Fallschirmjäger in allen Sätteln gerecht!
(General Student in Frankreich bei einer Übungsbesichtigung).

Paratroopers can turn their hand to anything!
(General Student on a training inspection in France).

WAFFEN UND AUSRÜSTUNG

Anfangs war die Fallschirmtruppe für ihren Kampf auf der Erde mit den Standardwaffen des Heeres ausgerüstet: Pistole, Karabiner und MG waren die gleichen, die auch das Heer benutzte. Die Besonderheiten des Kampfes, der vorwiegend ein Kampf auf nahe oder nächste Entfernung war, ließ in der Truppe sehr bald den Wunsch nach speziellen Waffen laut werden. So wurden nach den Erfahrungen im Einsatz gegen die tschechischen Befestigungen die Hohlladungen entwickelt, deren größte – 50 Kilo! – das "Knacken" der starken Panzerkuppeln des Forts Eben Emael ermöglichte. Später wurde das Fallschirmjägergewehr eingeführt, das etwa Maschinenpistole, Gewehr und lMG in einer Waffe vereinigte.
Die Schwierigkeiten der Verlastung konventioneller schwerer Waffen brachte die Einführung der Leichtgeschütze. Als Zugmittel für schwere Lasten fand das Kettenkrad Aufnahme, das dem Heer nicht zugkräftig genug war. In den Erdkämpfen des Jahres 1944 wurde auch das "Do-Gerät", ein Raketenwerfer mit großem Kaliber (bis 21 cm), eingesetzt, dessen Reichweite allerdings ungenügend war.
Schwierigkeiten bereitete, je länger der Krieg dauerte, um so mehr die Produktion dieser Sonderwaffen und Geräte durch die Rüstungsindustrie, aber der Quartiermeister der Fallschirmjäger konnte sich bewundernswert durchsetzen. Dieser Mann, der vom Oberstleutnant bis zum General fünf Jahre lang an Students Seite stand, war der Truppe fast unbekannt. Er arbeitete hinter den Kulissen. Seine Bedeutung für die Entwicklung der Fallschirmtruppe war aber ungewöhnlich groß. Es war General Konrad Seibt.

Typisch für die Fallschirmtruppe war, daß sie zu einem Sprungeinsatz nur mit leichten Infanterie-Waffen in das Gefecht gehen mußte. Die Schwierigkeiten der Verlastung in und das Abwerfen aus der Ju 52, die ja die Standardtransportmaschine für alle durchgeführten Fallschirmeinsätze war, verboten den Einsatz von schwerem Gerät. Im Laufe des Krieges wurden zwar Abwurfmöglichkeiten für die 5 cm Pak und für das Kettenkrad entwickelt, aber sie wurden nicht mehr im Fallschirmangriff eingesetzt.
Beim Kreta-Einsatz wurden ein paar 2 cm Kanonen, ein paar 3,7 cm Pak, ihrer geringen Wirkung von der Truppe als "Panzeranklopfgerät" bezeichnet, und ein paar Leichtgeschütze abgeworfen. Alles, was schwerer als 4,2 Tonnen war, konnte in der Ju nicht verlastet werden.
Trotz Entwicklung und Erprobung neuer Flugzeugmuster ist unsere gute alte "Tante" Ju das universale Transportflugzeug der Fallschirmtruppe gewesen und geblieben. Nur vereinzelt wurde aus anderen Maschinen gesprungen.

Das Fallschirmjägergewehr FG 42 wurde 1943 eingeführt. Da die Herstellung aufwendig war, sind nur etwa 10.000 Stück produziert worden, bis die Fabrikation wieder eingestellt wurde. Die Truppe konnte nur in wenigen Einheiten ausgerüstet werden. Dazu gehörte das Fsch.-Lehr-Btl., dessen 1. Kompanie Mussolini auf dem Gran Sasso befreite.
Ein Jäger mit FG 42 auf dem Gran Sasso.
Links: FG 42: 7,92 Gewehrmunition, 20 Schuß im Kastenmagazin, Gewicht 4,5 kg, V_0 = 761 m/sec, Schußfolge 750 je Minute.

The Parachute Rifle FG 42 was introduced in 1943. As it was expensive to produce, only about 10,000 were made before production was halted. Only some units received them. Amongst these was the Parachute Instruction Battalion whose 1st Company rescued Mussolini on the Gran Sasso. A paratrooper with a FG 42 in Gran Sasso. Left: FG 42: 7.92 mm rifle rounds, 20 rounds in a box magazine, weight 4.5 kg, muzzle velocity 761 m/sec, rate of fire 750 rpm.

Die Waffen der Jägerkompanien: Maschinenpistole, Karabiner, lMG und leichter Granatwerfer (5 cm).

The arms of a parachute company: sub-machine guns, carbines, light machine gun and light mortar (5 cm).

Das lMG auf eine Lafette gesetzt, wurde zum sMG. Es war für die Abgabe von Dauerfeuer geeignet, während das lMG nur kurze Feuerstöße abgeben sollte.

The LMG could be made into a HMG by putting it onto a tripod. It was used for long burst of firing whereas the LMG was used only for short bursts.

Als Zwillings-MG zur Erd- und Fliegerabwehr auf Kübelwagen.

As a double-mounted MG for ground-to-ground and ground-to-air uses on a Kübelwagen.

Fl.MG 15 auf dem Krad.

Fl.MG 15 on a motorbike.

Der leichte Granatwerfer (5 cm). Man erkennt auf dem unteren Bild bei den Wurfgranaten die verschiedenen Größen der Treibladungen für die verschiedenen Schußentfernungen.

The light mortar (5 cm). Note on the lower picture the different sizes of the explosive charges for the motar shells. They were used to fire different distances.

Schwerer Granatwerfer vor und nach dem Abschuß. *A heavy mortar before and after use.*

Die Pionier-Kompanien hatten Flammenwerfertrupps.

The Engineer Companies had Flame Thrower Detachments.

Die Panzernahkampfwaffen "Panzerfaust" und "Ofenrohr".

Diese Fallschirmjäger 1945 in Berlin hatten keine Springerhelme mehr, aber sie kämpften mit der Panzerfaust gegen die Russenpanzer. Diese Jungen mußten die Ziele auf 30 bis 50 Meter herankommen lassen, um Erfolg zu haben. Der "Panzerschreck" ("Ofenrohr") traf gut bis 100 Meter mit seiner 8,8 cm Hohlladungsgranate.

The infantry anti-tank weapons "Panzerfaust" and "Ofenrohr". In 1945, these paratroops in Berlin no longer had the parachute helmet, but they still fought the Russian tanks with the "Panzerfaust". These boys had to let the targets come to within 30 to 50 metres to stand a chance of hitting. The "Panzerschreck" ("Ofenrohr") was accurate to 100 metres with its 88 mm hollow charge.

Die Panzerbüchse 39, Kaliber 7,92 mit Hartmantelgeschoß und einer V_0 von 1.265 m/sec(!), wog etwa 12,5 kg. Sie durchschlug 25 bis 30 mm Stahlpanzer auf 100 Meter Entfernung. Sie war im Hollandeinsatz die einzige Pz.-Abwehrwaffe der Jägerkompanien. In jeder Kompanie war eine Büchse vorhanden.

The Panzerbüchse 39 (A/T weapon), calibre 7,92 mm with inner belted bullets and a muzzle velocity of 1,265 m/sec (!), weighed about 12,5 kg. It could penetrate 25 to 30 mm of steel armour at a range of 100 metres. In Holland, it was the only A/T weapon on the hands of the paratroops. Each company had one of them.

Ein Foto von der Nettuno-Front – 3,7 cm Panzer-Abwehr-Kanone.

A photo of the Nettuno Front. 3.7 cm A/T gun.

Die 3,7 cm Pak – ab Kreta mit Fallschirm abgesetzt – war ebenfalls unzureichend. Sie hieß in der Truppe "Panzer-Anklopf-Gerät".

The 3.7 cm A/T gun – dropped on Crete by parachute – was also unsatisfactory. The troops called it the "Tank Rattler".

Offiziere der 1. Fsch.Jg.-Div. bei einer Lehrübung mit leichter Pak. Es sind zu erkennen: v. links mit Hand an der Mütze Griesinger, Genz mit weißer Mütze, Böhmler, Voshage, Heidrich mit weißer Mütze, Walther, Häuser.

Officers of the 1st Parachute Division on a training exercise with light A/T guns. Recognizable are: from the left with his hand on his cap, Griesinger, Genz with a white cap. Böhmler, Voshage, Heidrich, with a white cap Walther, Häuser.

Die mittlere Pak mit Kaliber 5 cm und 7,5 cm ist ohne starke Zugmittel nicht mehr beweglich. Schon das Instellunggehen macht Schwierigkeiten.

The medium A/T guns with a 5 cm and 7.5 cm calibre could not be moved without transport. Moving it into position was difficult enough.

Ein Leicht-Geschütz.

A light artillery piece.

Aufgehängt unter dem Transportflugzeug . . .

Suspended below an air transport . . .

. . und beim Abwurf am "Fünfling".

. . . and being dropped on five parachutes.

Leichtgeschütze erzeugten beim Abschuß keinen Rückstoß, denn dieser wurde durch raketenähnlichen Treibstoß aufgefangen, der aus dem rückwärts offenen Rohr entweichen konnte. Das Bild vom Abschuß zeigt diese Explosionswolke hinter dem Rohr, die nicht zu tarnen war. Die stellungsverratende Wolke war der Nachteil dieses Geschützes, das ballistisch sonst gut war.

Light cannon had no recoil as it was let out by a rocket-like propellant which escaped out of the open barrel to the rear. This photo of such a cannon firing shows the flash to the rear of the barrel which could not be hidden. Although this weapon performed well ballistically, its disadvantage was that its position was given by the flash.

LG 2 (10 cm)-Batterie in Stellung.

LG 2 (10 cm) battery in position.

Beim Laden.

Loading.

Nach dem Abschuß.

After firing.

Verladung in zwei Lasten.
Bei Luftlandungen wurde das Gebirgs-Geschütz 36 (7,5 cm) mitgeführt und eingesetzt.

Einsatz der 1. Fallschirm-Division in Sizilien.

Packing into two crates. On air landings, the mountain cannon 36 (7.5 cm) was brought along and used in action. Photo on the 1st Parachute Division in action in Sicily.

Das Kettenkrad war das einzige Zugmittel im Luftlandeeinsatz. Es konnte zwar schon verladen, aber erst nach 1943 abgeworfen werden.

The half-track motorcycle was the only towing vehicle used in air landings. It could be air landed after 1943.

Das am Fallschirm abgeworfene Leichtgeschütz (LG 1 = 7,5, LG 2 = 10 cm) mußte im Mannschaftszug fortbewegt werden, bis es behelfsmäßig mit Beutefahrzeugen motorisiert wurde.

The light cannon (LG 1 = 5.5 cm, LG 2 = 10 cm) dropped by parachute had to be man-handled until captured vehicles could be used to tow them.

Abwurfbehälter werden gepackt, in die Ju 52 eingehängt und nach der Landung geleert. Das Einhängen der 2-Zentner-Last in gebückter Stellung unter der Ju ist nicht so einfach.

Air cannisters being packed. They were loaded into Junkers 52s and emptied after landing. Loading 200 kg containers in a cramped position under the Ju 52 was not easy.

Das sind "Versorgungsbomben", die durch He 111 den kämpfenden Fallschirmjägern – ähnlich wie die Abwurfbehälter – aus der Luft mit Fallschirm zugeführt werden. Die hier abgebildeten enthalten Munition wie die Aufschriften besagen: 5 cm Wurfgranaten, Handgranaten 24 und Gewehrmunition SS und SmK.

These are "Supply Bombs" dropped by parachute from Heinkel 111s to the fighting paratroopers in a similar fashion to the air cannisters. Those shown here contain the ammunition marked on them: 5 cm mortar rounds, Mk. 24 hand grenades, rifle rounds SS and SmK.

Die Versorgungsbomben mit Sanitätsmaterial hatten – im Gegensatz zu richtigen Bomben! – lebenserhaltenden Inhalt.

Supply bombs with medical supplies, unlike real bombs, they helped save life!

DER BALKANKRIEG

Durch den Blitzkrieg im Westen waren die Franzosen besiegt und die Engländer vom Festland vertrieben. Wie sollte es nun weitergehen? Die Luftschlacht über England endete mit einem verlustreichen Patt, eine Invasion Großbritanniens erschien Hitler damit zu risikoreich, und als Franco den Durchmarsch deutscher Truppen durch Spanien zur Eroberung Gibraltars ablehnte, gab es für Hitler im Westen kein kurzfristig erreichbares Kriegsziel mehr. Um diesen "latenten Schwebezustand" zu überwinden, faßte Hitler den Entschluß, die UdSSR anzugreifen, und im Dezember 1940 befahl er mit der berüchtigten Weisung Nr. 18 die Vorbereitung des Krieges gegen Rußland.
Der Beginn war für Mai 1941 geplant.

Die schnellen und großen Erfolge der deutschen Wehrmacht hatten auch die Staaten auf dem Balkan beeindruckt. Rumänien, Bulgarien und auch Jugoslawien brachten dem Reich und Hitler immer größere Sympathie entgegen. Deswegen fürchtete Mussolini um den italienischen Einfluß auf dem Balkan – er wollte doch a u c h e i n m a l als Sieger neben Hitler stehen! So begann er im Oktober 1940 – ohne den deutschen Bundesgenossen und Freund Hitler auch nur zu konsultieren! – aus Albanien heraus den Krieg gegen Griechenland. Anstelle des erwarteten schnellen Sieges aber entwickelte sich ein verlustreicher Winterfeldzug, in dem die italienischen Truppen wieder bis weit auf albanisches Gebiet zurückgeworfen wurden.
Die Briten hatten Griechenland Hilfe zugesagt für den Fall, daß es angegriffen werden sollte, und sie lösten dieses Versprechen auch sofort ein: Sie verschifften ein Expeditionskorps nach Griechenland, das später auf den klassischen Schlachtfeldern beim Olymp und an den Termophylen den vorrückenden deutschen Truppen harten Widerstand leisten sollte. Für die deutsche Führung ergaben sich durch die britische Anwesenheit auf dem Balkan sofort zwei ernste Probleme: Zuerst konnte die britische Luftwaffe aus Griechenland die rumänischen Ölfelder angreifen, die für das Reich wie auch für Italien, von kriegswichtiger Bedeutung waren, dann aber bedeuteten britische Truppen in Griechenland eine unübersehbare Bedrohung in der Flanke der deutschen Truppen beim Einmarsch in Rußland. Hitler mußte daher noch vor Beginn des Rußlandkrieges die Lage auf dem Balkan bereinigen. Nachdem sich Jugoslawien durch einen überraschenden Militärputsch Rußland zugewandt hatte, begann am 6. April 1941 der Balkankrieg mit dem Einmarsch deutscher Truppen in Jugoslawien und Griechenland. Dieser Feldzug endete am 1. Juni mit der Einnahme Kretas, aber er verschob auch zwangsläufig den Beginn des Angriffs auf Rußland um mindestens sechs Wochen.

KANAL VON KORINTH

Die Hilfeleistung der Engländer für Griechenland rief im Oberkommando der Kriegsmarine eine Erinnerung an den Ersten Weltkrieg wach: Die Briten besetzten damals die Insel Lemnos vor den Dardanellen zum Auftakt und als Basis für das Gallipoli-Unternehmen. Würde Lemnos jetzt wieder besetzt, so könnte die Insel den wichtigen Seeweg vom Ölhafen Konstanza durch die Dardanellen nach Italien sperren. Außerdem wären von Lemnos aus die Ölfelder von Plösti mit der Air Force leicht zu erreichen. Diese Gefahr mußte vermieden werden. Das OKW folgte diesem Gedanken der Seekriegsleitung und stellte der Luftflotte 4 Fallschirmtruppen zur Verfügung, die Lemnos aus der Luft nehmen sollten, falls es von den Briten besetzt würde.
Da Hitler für den Aufmarsch gegen Rußland unbedingt Priorität befohlen hatte, entstanden für den Transport der Fallschirmtruppen auf den Balkan große Schwierigkeiten: Die 3./Fsch.Jg.Rgt. 2 fuhr beispielsweise per Bahn 15 Tage lang von Döberitz nach Plovdiv, eine Strecke von weniger als 1.500 Kilometern! Und dabei wurden Mannschaftstransporte noch bevorzugt befördert! Es gelang aber dennoch, das "Detachement Süßmann", bestehend aus dem verstärkten Fsch.Jg.Rgt. 2 und benannt nach dem Kdr. der Flieger-Div. 7, General Süßmann (er starb wenige Wochen später, als sein Lastensegler beim Anflug nach Kreta abstürzte und auf der Insel Aegina zerschellte), der Luftflotte 4 rechtzeitig zur Verfügung zu stellen.
Beim Beginn der Kämpfe auf dem Balkan stellte sich heraus, daß Lemnos von den Briten nicht besetzt war. Auch nach Wegfall des Lemnos-Auftrages blieb das Detachement Süßmann auf dem Balkan. Einen schlagkräftigen Fallschirmverband zu haben, ohne ihn einzusetzen, das wäre vielleicht auch anderen Führungsstäben nicht zuzumuten gewesen! Jedenfalls erwog die Luftflotte 4 nun den Einsatz am Kanal von Korinth. Breit wie eine Autobahn, mit einer Wassertiefe von 8 Metern und bis zu 60 Meter ins Gelände eingeschnitten, bot er ein gewaltiges Hindernis.

Hier sprang am 26. April 1941 das Fsch.Jg.Rgt. 2 mit zwei Bataillonen beiderseits der einzigen über den Kanal führenden Brücke, die wenige Minuten früher durch Pioniere aus neun Lastenseglern DFS 230 angegriffen wurde. Die insgesamt etwa 1.400 eingesetzten Fallschirmjäger hatten den Auftrag, die Brücke zu nehmen, zu sichern und für späteren Vormarsch offenzuhalten sowie nach Norden Verbindung zu den vordringenden Heeresteilen aufzunehmen. Zunächst ging alles gut: Den Pionieren unter Führung des Lt. Häffner (er fiel vier Wochen später auf Kreta) gelang es, die Brücke unzerstört in die Hand zu bekommen. Sie bauten im Untergurt der Brücke schon die Sprengladungen aus und lagerten sie auf der Fahrbahn – für Pioniere ist Sprengstoff ja wertvoller als Gold, den wirft man nicht ins Wasser! Nur vereinzelt schossen noch britische Flakkanonen in Richtung Brücke. Plötzlich eine starke Detonation, und als sich die schwarzbraune Explosionswolke schon zu lichten begann, brach die Brücke und rutschte mit Donnergetöse 60 Meter tief in den Kanal! Was war geschehen?
Bis heute ist die Ursache der Zerstörung der Brücke nicht geklärt. Es gibt mehrere Versionen dazu: Nach britischen Berichten soll sich ein Captain Philipps mit Lt. Tyson an die Brücke herangeschlichen und noch nicht ausgebaute Ladungen mit Gewehrschüssen zur Explosion gebracht haben. Das ist möglich, denn es handelte sich um Gelignit, ein Sprengmittel, das bei Beschuß detoniert. Beide Offiziere wurden mit dem Viktoriakreuz ausgezeichnet. Dann aber sollen Zweifel an der Aussage Captain Philipps entstanden sein. Cpt. Philipps soll in England "ziemlich brüsk" behandelt worden sein. Später wurden Gefangenenvernehmungen durch uns auf Kreta dazu vorgenommen. Teils bestreiten die Aussagen den obigen Tatbestand, teils bestätigen sie ihn. – Eine andere britische Version teilt mit, daß zwei neuseeländische Pioniere eine Schnellsprengladung an der Brücke zündeten und beide dabei den Tod fanden. – Unsere dritte Variante besagt, daß ein Flakgeschoß der noch vereinzelt schießenden Bofors-Kanonen ausgebaute Ladungen auf der Fahrbahn zufällig getroffen hat. Diese Sachlage erscheint mir die wahrscheinlichste.
Der Verlust der Brücke hat sich auf die Kampfhandlungen nicht ausgewirkt, denn eine Jägerkompanie (die 3./Fsch.Jg.Rgt. 2) erstellte – ohne schweres Gerät nur aus vorgefundenen Behelfsmitteln – eine kleine Brücke am Ostende des Kanals, die es ertrug, daß sogar zwei 10-cm-Kanonen herübergespillt werden konnten, als am zweiten Kampftage die Verbindung mit dem Heer erfolgt war. Diese Kanonen verhinderten das Auslaufen eines britischen Transporters aus dem Hafen Kalamata – 900 Neuseeländer fuhren in die Gefangenschaft statt nach Ägypten oder Kreta.

Das südlich des Kanals gesprungene II./Fsch.Jg.Rgt. 2 besetzte noch am ersten Tag des Einsatzes die Stadt Korinth, die sich ergeben hatte und machte in der anschließenden Verfolgung der Briten allein mit der 6. Kp. unter Hptm. Schirmer bei Nauplia fast 1.300 Gefangene. Insgesamt wurden von den nur leichtbewaffneten Fallschirmjägern in diesem Einsatz über 2.200 Briten und 1.450 Griechen im Kampf gefangengenommen und die ganze griechische Armee auf dem Peloponnes zur Kapitulation gezwungen. Bei Patras über den Golf von Korinth übergesetzte Einheiten der Waffen-SS säuberten die Halbinsel weiter von versprengten und geflüchteten britischen und griechischen Truppen.

Die Verluste der Fallschirmjäger betrugen 64 Gefallene, 16 Vermißte – zu ihnen gehören zwei Soldaten, die beim Absprung ertrunken sind und zehn Tote, die beim Absturz einer Ju 52 schon beim Anflug in den Bergen umgekommen sind sowie 158 Verwundete.

Dennoch ist der Einsatz Korinth umstritten. Es wird von Historikern behauptet, der Einsatz sei zu spät erfolgt, denn die Masse des britischen Expeditionskorps auf seinem Rückzug noch abzuschneiden, sei nicht gelungen. Demgegenüber muß festgestellt werden, daß der Einsatz gar nicht früher erfolgen konnte, weil die Reichweite der Transportmaschinen aus dem Raum Plovdiv in Bulgarien nicht bis zum Kanal von Korinth reichte. Es m u ß t e also eine Zwischenlandung der Fallschirmtruppe erfolgen, wozu einzig der Flugplatz in Larissa geeignet war. Larissa wurde aber erst am 19. April abends von deutschen Truppen eingenommen und mußte nach überschlägigen Berechnungen durch 1.500 Einzelflüge mit Nachschubgütern für die Fallschirmtruppe und für Flugbetriebsstoff bevorratet werden, ehe von hier in den Einsatz gestartet werden konnte. Bahnverbindung gab es keine, und die Straßenbrücken waren durch die Kampfhandlungen meist zerstört. Daß dies in den fünf Tagen vom 20. bis 25. April überhaupt gelang, ist eine ganz besondere Leistung des damaligen Quartiermeisters des Detachements Süßmann, Major Götzel. Ein Beispiel nur, welch unkonventionelle Maßnahmen nötig waren: Die Vorräte an Flugbetriebsstoff in Bulgarien erschöpften sich infolge des starken Einsatzes der Luftwaffe seit Beginn des Balkankrieges schnell. Der Nachschub erfolgte durch eine Pipeline direkt aus der Raffinerie in Rumänien an die Donau. Hier wurde der Treibstoff auf Schiffe umgeladen, die zwischen der Pipeline und dem bulgarischen Donauhafen Russe pendelten. In Russe wurde in Tankzüge der Bahn umgeladen. Sie brachten den Treibstoff nach Plovdiv, wo, wieder in Tankwagen umgeladen, der Transport zum Flugplatz erfolgte. Hier mußte in Fässer abgefüllt werden, die zum Transport in die Ju's nach Larissa verladen wurden. (Weiß der Teufel woher Götzel überhaupt so viele Fässer auf dem Balkan aufgetrieben hat!) Nun dauerte aber die Zusammenstellung der Eisenbahnzüge in Russe so lange, daß in Plovdiv die Zeit zwischen dem Eintreffen der Tankzüge nicht überbrückt werden konnte. Also befahl Götzel, stets eine Anzahl Lokomotiven unter Dampf zu halten, die jeden Kesselwagen e i n z e l n , so, wie sie gerade geleert waren, nach Russe brachten und von dort nach Füllung sofort und einzeln wieder zurück! Die Zeitersparnis betrug fast zwei Tage, da beladene und leere Züge nicht mehr "zusammengewartet" werden mußten.

Ich schildere diese Schwierigkeiten hier deswegen genauer, weil man Fallschirmjägern nicht befehlen kann 'nun springt man schön", und dann springen sie. Ein jeder Fallschirmeinsatz bedarf zeitraubender, logistischer Vorbereitung!

Interessanterweise hat aber auch General Student, der von der Luftflotte 4 vor dem Einsatz k e i n e Kenntnis erhielt (!), an dem Korintheinsatz Kritik geübt. Auch er sagt, der Einsatz sei "verspätet und unter falscher Zielsetzung durchgeführt und habe später auf der Insel Kreta deswegen einen hohen blutigen Preis gefordert." Student aber geht mit dieser Kritik von ganz anderen Voraussetzungen aus: daß nämlich dann der Einsatz mit der gesamten Fallschirmtruppe hätte erfolgen müssen, um dem g e s a m t e n britischen Expeditionskorps den Zugang zu seinen Einschiffungshäfen zu sperren. Wie Student nach dem Kriege einmal meinte, hätte er wahrscheinlich eine Sperrung im Raum um Theben vorgeschlagen. – Daß Student vor diesem Korinthabsprung weder unterrichtet noch um Rat gefragt wurde, ist wohl auch nur formal zu vertreten, ein Zeichen guter Zusammenarbeit war es nicht.

Wir haben über Korinth etwas eingehender berichtet, weil dieser "kleine" Einsatz ganz im Schatten des kurz darauf folgenden Kreta-Unternehmens steht, das zum größten, blutigsten und bedeutsamsten Einsatz der deutschen Fallschirmtruppe wurde.

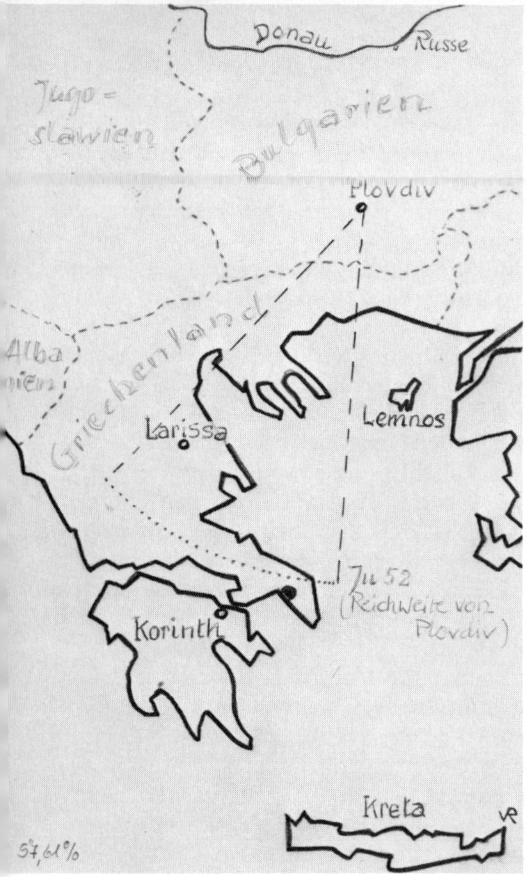

Schon die Verlegung auf den Balkan . . .
Even a posting to the Balkans . . .

. . . war für die Landser ein Abenteuer!

. . . was an adventure for a soldier!

Die braven Kraftfahrer wurden durch d[illegible]
Verhältnisse auf dem Balkan bis zur
Erschöpfung beansprucht.

The brave lorry drivers were exhausted by conditions in the Balkans.

Atebrin-Prophylaxe gegen Malaria.

Atebrin-Prophylaxe against malaria.

Noch ist Betrieb am Kasinozelt des Lagerplatzes Krumowo bei Plovdiv (von links: Schirmer, v. Roon, "Mucki" Simon, Schindler und Jahnke).

The mess tent in the camp at Krumovo in Plovdiv is still crowded (from left: Schirmer, von Roon, "Mucki" Simon, Schindler and Jahnke).

Hier plaudern (von links) Schirmer, Knobloch und Ewald.

Those chatting are (from left) Schirmer, Knobloch and Ewald.

Am nächsten Tag ist das Lager verlassen . . . Das Fsch.Jg.Rgt. 2 ist gestartet!

Nach Zwischenlandung in Larissa springt das Regiment mit zwei Bataillonen am Kanal von Korinth. Pioniere landen mit DFS 230 unmittelbar an der Brücke und erobern sie.
Hier sind sie schon auf der Kanalbrücke! Aufnahme des Kriegsberichters von der Heide.

After a stop in Larissa, two battalions of the regiment jumped over the Corinth Canal. Engineers with a DFS 230 land directly on the bridge and capture it.
Here they are on the bridge! Photo taken by the war correspondent von der Heide.

Die Fallschirmpioniere können nicht begreifen, daß die Brücke nach einer Explosion in den Kanal gestürzt ist.

The parachute engineers cannot believe that the bridge has collapsed into the canal after an explosion.

Der Kanal ohne Brücke.

The canal without the bridge.

Später bergen Taucher die Reste, um den Kanal wieder schiffbar zu machen.

Divers later salvaged the debris so that the canal could be navigated again.

Während die Soldaten in die Stadt eindringen und die Briten Korinth auf der anderen Seite verlassen, kommen der Bürgermeister und der Kommandant der Griechen auf das Gefechtsfeld, um die Kapitulation anzubieten.

Whilst the Germans were pushing into Corinth, the British were leaving it on the other side and the commander of the Greeks with the Mayor came onto the battlefield to offer their surrender.

Oberst Sturm bei den Kapitulations-Verhandlungen.

Colonel Sturm during the negociations for capitulation.

Korinth hat kapituliert.

Corinth has surrendered.

Gefangene warten auf den Abtransport.

Prisoners waiting to be taken away.

Mit ihren eigenen erbeuteten Fahrzeugen werden die Briten nach Süden verfolgt.
Die 6. Kompanie mit Oberleutnant Nagele hat immer wieder Gefechte mit Briten, die überholt werden.

The British were persued southwards in their own vehicles captured by the Germans.
The 6th Company (1st Lt. Nagele) fought continously with the British units they caught up with.

Durch den weiten Vorstoß von Korinth nach Nauplia entglitt die Kampfgruppe der Führung durch das Regiment. Besorgt liest Oberst Sturm die Meldung des Hauptmanns Schirmer.

The advance from Corinth to Nauplia was made on a broad front. During this advance, contact with Captain Schirmer was lost. Colonel Sturm is anxiously reading a report of Schirmer.

Schirmer machte nach heftigem Gefecht fast zehn Mal so viele Gefangene wie er selbst Leute hatte.

After heavy fighting, Schirmer took nearly ten times as many prisoners as he himself had men.

In Nauplia waren die Schiffe, die die Tommies evakuieren sollten, von der Luftwaffe zerbombt.

Nauplia, the Luftwaffe bombed the ships which were to evacuate the British.

Die "Jägerbrücke" über dem Kanal wird von Heerespionieren abgebaut und durch eine 22 Tonnen-Brücke ersetzt.

The "Para's Bridge" over the canal is being removed by army engineers and replaced by a 22 tonnes bridge.

Der erste Heeresoffizier ist am Kanal eingetroffen.

The first army officer reaches the canal.

Noch während die letzten Säuberungsaktionen auf dem Peloponnes laufen, dankt Feldmarschall List dem Oberst Sturm. Im Hintergrund Oberleutnant Reizenstein, der vier Wochen später auf Kreta fiel.

Whilst mopping-up operations were still going on in the Peloponnes, Field Marshal List thanks Colonel Sturm. In the background is 1st Lt. Reizenstein who fell on Crete four weeks later.

Was gilt der Jahre Wiederkehr
was jedes Wort an Ehrenmalen,
wenn nicht im Gang der Zeit
aus echtem Wollen Aller
die ehrliche Verpflichtung wächst,
das Werk der stillen Kämpfer
durch eig'nes Dienen zu erwerben?

Zu unmeßbaren Höhen steigt
der Unvergessnen Tat
und kündet jedem, der nicht taub,
von dem Vermächtnis der Gefallenen,
das alle Lebenden von Neuem mahnt:
Bewahrt die Treue, dient dem Frieden,
den die Gefallenen auch begehrt!

Alf Krüger, Major in der Fallschirmtruppe

Das Ärmelband, das den Teilnehmern verliehen wurde.

This armband was awarded to veterans of this campaign.

Die Eroberung der Insel Kreta gehört zu den Kriegsereignissen, die weltweit Aufsehen erregt haben. In Fachkreisen deswegen, weil – wie der britische Militärschriftsteller Fuller sagt – "dieser Angriff eine Revolution in der Taktik bedeutete", und auch Churchill meinte: "In vielen Aspekten war die Schlacht um Kreta etwas ganz Neues." Das Neue war, daß hier eine weitläufig angelegte Operation erstmals – und bisher einmalig – n u r durch Luftlandungen erfolgreich durchgeführt wurde. Alle anderen Luftlandungen (auch die der Alliierten) während des Krieges sind in enger Kombination mit weiteren Land- oder Seestreitkräften ausgeführt worden. Kreta hat bewiesen, daß eine "reinrassige" Luftlandeoperation sogar über feindbeherrschtem Meer möglich ist.
Für Journalisten bot der spektakuläre Sprung einer ganzen Division genügend sensationelle Stories, um Interesse in der ganzen Welt zu finden. Allerdings wurde dadurch jener Teil der Schlacht, der militärisch vielleicht der bedeutendste war, nämlich der Erfolg der deutschen Luftwaffe über die britische Flotte im Mittelmeer, in den Hintergrund gedrängt. Parallel zu den Kämpfen auf der Insel selbst, entwickelte sich gleichzeitig im Seegebiet um Kreta eine fast permanente Luft/Seeschlacht großen Ausmaßes. Die Briten haben dabei mehr als die Hälfte der Kampfkraft ihrer Mittelmeerflotte verloren! Dies strategisch überaus wichtige "Neben"-Ergebnis des Kampfes um Kreta wird in dem umfangreichen Schrifttum zumeist vernachlässigt. Erst dadurch, daß das VIII. Flieger-Korps unter Gen. von Richthofen den Seeraum um Kreta tagsüber völlig feindfrei hielt, wurde auch der Sieg der Fallschirm- und Gebirgsjäger ermöglicht.

Hitler genehmigte den Angriff auf Kreta nur unter der Voraussetzung, daß hierdurch nicht weitere Verzögerungen seines beabsichtigten Angriffs auf Rußland eintreten dürften. Diese Vorbedingung behinderte das Unternehmen "Merkur", wie der Deckname für den Angriff auf Kreta lautete, so stark, daß in den ersten Angriffstagen eine ernste Krise auftrat:
Zunächst konnte dem XI. Flieger-Korps die "luftlandegeübte" 22. Div. nicht mehr zur Verfügung gestellt werden, da sie schon für den Aufmarsch gegen Rußland verplant war. Sie mußte durch die 5. Geb.Div. ersetzt werden, die noch nie im Lufttransport befördert worden war.
Dann verfügte auch die Luftflotte 4 auf dem Balkan nicht mehr über ihre Nachrichten-Rgter. Sie waren bereits im Osten mit dem Aufbau des Nachrichtennetzes beschäftigt.
Ebenso waren auch die Flughafenkommandanturen mit den wichtigen Betriebskompanien schon hinter der künftigen Ostfront eingesetzt. Allein dieser letzte Punkt führte zu der schwerwiegenden Panne, daß die zweite Welle der angreifenden Fallschirmjäger erst mit einer zweistündigen Verspätung starten konnte, weil die Flugzeugbesatzungen ihre Ju's selbst mit Handpumpen aus Fässern nachtanken mußten. Bei Tausenden von Litern eine stundenlange Arbeit! Diese Verspätung konnte den Fliegerkampfkräften, die die Luftlandungen schützen sollten, infolge der schlechten Nachrichtenverbindungen nicht rechtzeitig übermittelt werden. Sie bombten die Angriffsziele p l a n m ä ß i g , und als die Jäger zwei Stunden s p ä t e r sprangen, landeten sie schutzlos in einem längst wieder verteidigungsbereiten Gegner!
Hitler hatte den Angriff auf Kreta für den 15. Mai befohlen. Die Priorität des Aufmarsches gegen die Sowjets behinderte aber die Vorbereitungen des Kreta-Angriffs so, daß er auf den 20. Mai verschoben werden mußte. Neben den immensen Schwierigkeiten, die der Quartiermeister des XI. Flieger-Korps durch immer neue phantasiereiche Improvisationen überwinden mußte, trug aber auch die falsch eingeschätzte Feindlage zur Krisensituation in den ersten Angriffstagen wesentlich bei. Infolge des Zeitdrucks, den Hitler ausübte, war eine ausreichende Feindaufklärung nicht möglich, und es hielt sich bis zum Einsatz die von der Obersten Führung vertretene Auffassung, daß auf Kreta nur schwache Kräfte, demoralisiert durch die Niederlage in Griechenland, vorhanden seien. General Korten, Chef des Generalstabs der Luftflotte 4, soll gesagt haben, daß zur Wegnahme Kretas ein Regiment genüge! Obwohl sich der deutsche Abwehrchef, General Canaris, – persönlich in Athen anwesend – in die Nachrichten-Beschaffung einschaltete, gelang es nicht, ein der tatsächlichen Lage entsprechendes Feindbild zu gewinnen. Diese Fehlbeurteilung der Feindlage hat schwere blutige Verluste der Fallschirm- und Gebirgsjäger zur Folge gehabt.

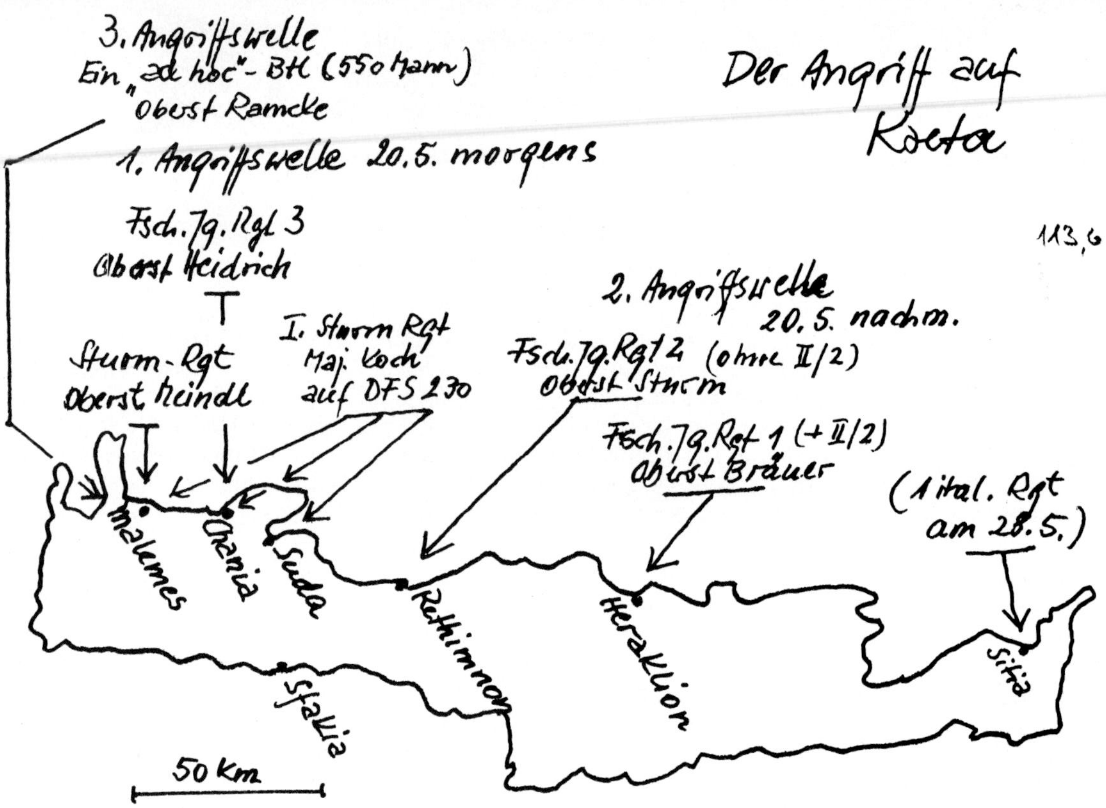

Am 20. Mai sprangen in 1. und 2. Welle ungefähr 8.620 Fallschirmjäger auf Kreta ab. Der Feind hatte eine Stärke von 42.640 Mann, davon 10.250 Griechen, und wurde weiter durch kretische Heckenschützen verstärkt. Den Verteidigern standen 22 leichte Panzer, 32 schwere und 36 leichte Flakgeschütze sowie einige Batterien Feldgeschütze zur Verfügung, während die deutschen Kräfte in den ersten Tagen – bis auf wenige 2 cm Flak ohne schwere Waffen – auf die Unterstützung durch die Luftwaffe angewiesen waren.

Nachdem am Abend des zweiten Gefechtstages Landungen von Transportflugzeugen auf den noch unter feindlichem Artilleriefeuer liegenden Flugplatz Malemes erzwungen wurden, konnten erste Teile der 5. Geb.-Div. gelandet werden. Die Zahl der eingesetzten Fallschirm- und Gebirgsjäger war schließlich auf insgesamt etwa 22.000 Mann erhöht worden.

Nachdem die Krise am 22. Mai überwunden schien, boten jetzt auch die Italiener ihre Unterstützung an! Am 28. Mai landeten sie im Hafen Sitia ein Regiment, das aber mit dem Ausgang der Kämpfe nichts mehr zu tun hatte.

Aus dem Kräfteverhältnis von Angreifern zu Verteidigern ist schon ersichtlich, daß ein erfolgreicher Angriff außerordentlich schwer war. Tatsächlich waren die Kämpfe auf Kreta die blutigsten und verlustreichsten Kämpfe, die die Fallschirmtruppe zu bestehen hatte. Über 4.000 Fallschirmjäger gaben ihr Leben und die Gesamtverluste an Toten, einschließlich der Gebirgs-Division und der Flieger, waren mit 6.580 höher als die Verluste des ganzen übrigen Balkankrieges.

Unter dem Schock dieser Verluste sagte Hitler nach der Schlacht zu Student: "Kreta hat bewiesen, daß die Tage der Fallschirmtruppe vorüber sind. Die Fallschirmtruppe ist eine Überraschungswaffe, aber die Überraschung hat sich abgenutzt!" Während die Alliierten nach dem deutschen Erfolg in Kreta ihre Fallschirmtruppen erst richtig aufzubauen begannen, wagte Hitler den Einsatz gegen Malta nicht mehr zu genehmigen. Er zerschliß diese Elitetruppe künftig als "Krisenfeuerwehr" in Erdeinsätzen.

Der Kampf auf Kreta ist in einer Fülle militärgeschichtlicher Abhandlungen mehr oder weniger lesenswert behandelt worden. Wir verzichten daher auf die Schilderung des Ablaufs und verweisen auf die Arbeit von Karl Gundelach in Entscheidungsschlachten des Zweiten Weltkriegs – Chronik der Ereignisse – "Der Kampf um Kreta 1941", Verlag für Wehrwesen, Bernard & Graefe, Frankfurt 1960 und auf die Memoiren Students, die Herrmann Götzel unter dem Titel "Generaloberst Kurt Student und seine Fallschirmjäger" im Podzun-Pallas-Verlag herausgegeben hat. Sicherlich die besten sich ergänzenden Darstellungen über Kreta.

2. Zug 1./Sturm-Regiment zur Verladung in Ju 52 angetreten.

2nd Platoon of the 1st Assault Regiment ready for boarding a Junkers 52.

Längste Bahnfahrt: 15 Tage! Die Fallschirmtruppe wurde im April/Mai 1941 im Lufttransport, mit der Eisenbahn und auch in mühsamen Kraftfahrzeugmärschen auf den Balkan verlegt.

The longest rail journey – 15 days! In April and May 1941, the paratroops were transferred to the Balkans by air, rail and also in slow lorry columns.

Staubiger Kfz.-Marsch.

A dusty lorry drive.

Erst die Schafe, dann die Soldaten!

First the sheep, then the soldiers!

Bulgarisches Zugpersonal posiert vor Weiterfahrt mit Max Schmeling (linkes Fenster).

Bulgarian railway workers posing with Max Schmeling (left window) prior to the continuation of his journey.

Bulgaren und Deutsche feiern gemeinsam das Osterfest.

Bulgarians and Germans celebrating the Easter days together.

Schon der Anmarsch auf den Balkan trug für die auslandsunkundigen deutschen Soldaten geradezu abenteuerliche Züge.

Many German soldiers had never been abroad before and even the preparation for the advance into the Balkans was exciting.

Fahrendes Volk

Travellers

Fremde Landschaften.

Foreign countryside.

Fertigmachen vor dem Start.

Platz Topolia

Preparations for the start.
Topolia Square.

Start in den Einsatz! Die Staubentwicklung führte auf allen griechischen Plätzen zu Verzögerungen im Startvorgang der folgenden Maschinen. Oft kamen fliegende Verbände nicht geschlossen und zeitgerecht zum Ziel.

Into action! The amount of dust in Greece slowed down the following vehicles right from the beginning of the campaign. Mobile units often did not arrive together and on time.

Auch in der Nacht noch wird an den Ju's gearbeitet und geladen.

Even at night the transport planes were repaired and loaded.

Warten auf das Startzeichen.

Waiting for the signal to go.

Abspringen bei Heraklion – britische Stellungen am Platzrand.

Jumping out at Heraclion. British positions are at the edge of the landing field.

Es geht in den Einsatz!

Into action!

Besatzungsbesprechung am Vorabend des Einsatzes. *Crew briefing on the evening before the attack.*

Start von Megara nach Rethimnon. *Take off from Megara to Rethimnon*

Gefährlicher Start in dem undurchdringlichen Staub. *A dangerous beginning in the impenentrable dust.*

Im Feuer des Gegners gelandet – ein Kamerad ist schon gefallen.

Landing under enemy fire. A comrade was killed.

Landung bei Höhe 107 oberhalb des Flugplatzes Malemes.

Landing on hill 107 above the Malemes airfield.

Landungen der DFS 230 zur Ausschaltung der britischen Flak u. zur Besetzung der Tavronitis Brücke am Flugplatz Malemes

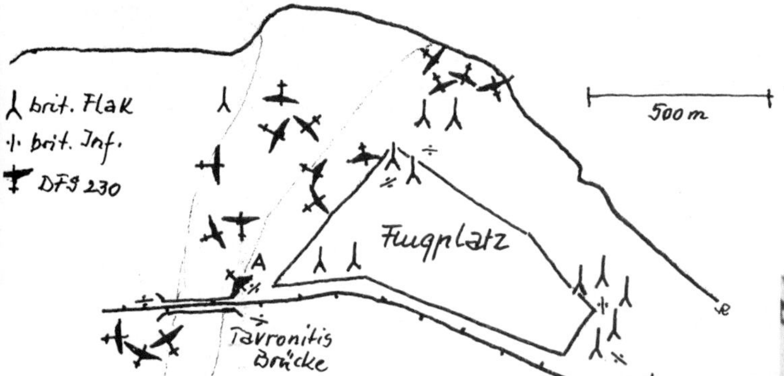

Dies ist der mit A bezeichnete Segler an der Brücke.

This is the glider marked "A" on the bridge.

Ein Segler des I./Sturm-Regiments. Rechts am Baum hängt noch ein Fallschirm.

A glider of the 1st Battalion of the Assault Regiment. A parachute is still hanging from the tree on the right.

Landung zwischen Bäumen und Felsen – das gab Sprungverletzungen! Auch das Hausdach ist kein idealer Landeplatz.

Landing between trees and rocks. That alone caused many casualties! A roof is also not an ideal spot to land.

So verschieden war das Kampfgelände auf der Insel.

The terrain on the island was greatly varied.

Harte Kämpfe, die – besonders in unübersichtlichem Gelände – viele Opfer auf beiden Seiten forderten.

Heavy fighting – especially in close terrain – brought many casualties on both sides.

Einbruch in eine Stellung der Neuseeländer.

Storming into the New Zealanders' positions.

Vom Gefechtsstand – für die Luftwaffe mit Hakenkreuztüchern kenntlich gemacht – wird die Bereitstellung zum Angriff beobachtet. Man sieht an den Gesichtern der Truppe, wie sie unter der Hitze leidet.

From the command post, with its Luftwaffe recognition markers – Swastika flags – the preparations for the attack are observed. Note how the soldiers' faces are showing how much they suffered from the heat.

Gefallene "Tommies".

Dead British soldiers.

Fliegersichtzeichen – hier ein Hinweis auf Panzer – sind die einzige Verbindung zur Luftwaffe.

Air recognition markings – as on this tank – are the only line of communication with the Luftwaffe.

Gestürmte MG-Stellung.

A captured machine-gun post.

Nach dem Gefecht (1./Sturm-Regiment).

After the battle (1st Batt., Assault Regt.)

Eine Ju startet wieder in Malemes – unter Beschuß.

A Junkers taking off again from Malemes whilst under fire.

Britische Artillerie beschießt die Landeplätze der Jäger – deutsche Flieger bombardieren die Batteriestellungen. Ein Duell der schweren Waffen.

British artillery bombarding the paratrooper's landing field. German aircraft bombed their battery positions. A duel of the heavy weapons.

Nach der Einnahme von Malemes und Chania beginnt der Vormarsch nach Osten, um die eingeschlossenen und hart bedrängten Kampfgruppen bei Rethimnon und Heraklion zu entsetzen.

After taking Malemes and Chania, the advance to the east started, so that the hard-pressed battle groups in Rethimnon and Heraclion could be relieved.

Die letzte Bastion ist genommen: "Eigene Truppen sind in Iraklion eingerückt", so lautete diese Meldung.
Solche Fliegerabwurfmeldungen wurden vom Beobachter des Aufklärungsflugzeugs in einer Hülse mit Rauchpatrone abgeworfen, damit sie auf der Erde von der Truppe schnell gefunden wurden.

The last bastion is taken: "Own troops advanced into Iraclion!" So reads this message.
Such messages were dropped from reconnaissance planes in a tin attached to a smoke cannister so that the troops on the ground could find them quickly.

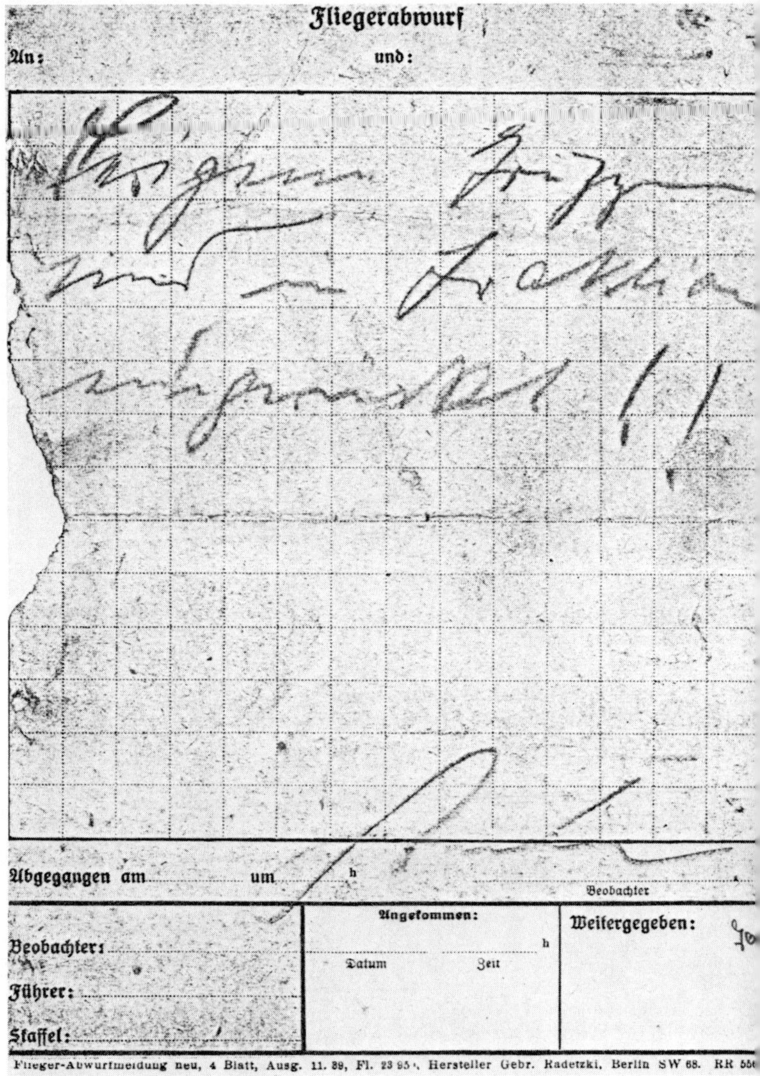

Fliegerabwurf

An: und:

Eigene Truppen in Iraklion eingerückt!!

Abgegangen am .... um ...... h .... Beobachter

Beobachter: .... Führer: .... Staffel:	Angekommen: .... h Datum Zeit	Weitergegeben:

Flieger-Abwurfmeldung neu, 4 Blatt, Ausg. 11. 39, Fl. 23 95, Hersteller Gebr. Radetzki, Berlin SW 68. RR 55

Gefangene Neuseeländer . . .

Prisoners from New Zealand . . .

. . . und Griechen.

. . . and Greeks.

Den erbeuteten Panzerwagen fährt nun ein deutscher Fallschirmjäger. Angehörige der 7./Fsch.Jg.Rgt. 2 (links Obg. Wolf).

This captured armoured vehicle is now driven by a German paratrooper. Members of the 7th Coy, Para Regt. 2 (left Cpl. Wolf).

Die Schlacht um Kreta wurde durch General Students Entschluß, die Landung in Malemes trotz Feindfeuer auf dem Platz zu erzwingen, entschieden. Britische Artillerie schoß zunächst nur einige Maschinen in Brand . . .

. . . immer mehr Ju's landen.

The Battle of Crete was decided by General Student's decision to land in Malemes despite the enemy fire. British artillery set only a few machines alight . . . more and more Junkers landed.

Schließlich ist auf dem Platz die Hölle los.

All hell breaks loose on the landing field.

Aber die gelandeten Gebirgsjäger können die hart bedrängten Fallschirmjäger entscheidend verstärken!

But the mountain troops decisively strengthen the hard-pressed paratroopers!

Britische Flak-Kanone, zerstört bei einem Luftangriff.

British AA guns destroyed by air attack.

Eine 4 cm-Bofors-Kanone wird nach Eroberung durch Gebirgsjäger wieder einsatzbereit gemacht.
Im Hintergrund brennt eine Ju auf dem Platz Malemes.

A Bofors gun captured by mountain troops is brought into action again. In the background, a Junkers is burning at Malemes.

Im Vordergrund erkennt man die durch Sandsäcke geschützten Stellungen der Briten am Flugplatz. Von den 430 eingesetzten Ju 52 gingen im Verlauf der ganzen Kämpfe auf Kreta 153 verloren. Nur sieben von ihnen wurden in der Luft abgeschossen. Alle anderen wurden nach der Landung im Gelände oder auf dem Platz Malemes durch Feindeinwirkung oder "Auffahrunfälle" zerstört. Die Masse auf dem Flugplatz.

In the foreground, the British positions protected by sandbags can be seen. Of the 430 Ju 52s used in Crete, 153 were lost. Of those, only seven were shot down when in the air. All others were either destroyed by enemy fire when landing on the battlefield or at Malemes or by landing accidents. Most were destroyed on the airfield.

Schiffsstaffeln

Squadrons of ships

Von der Fallschirmtruppe selbst mußten die meisten Kaik's an der ägeischen Küste zusammengesucht werden, es gab in Athen nur einen ganz kleinen Marinestab. 50 – meist hölzerne – Fischerboote und Küstensegler bildeten die "Flotte" der Schiffsstaffeln, die in der Nacht zum 21. Mai dann vor Kreta zusammengeschossen wurden.

Most of the boats on the Aegean coast had to be looked for by the paratroopers themselves as there was only a small naval staff in Athens. Fifty – mainly wooden – fishing boats and coastal clippers made up the "fleet" which was shot to pieces before Crete on the night of 21st May.

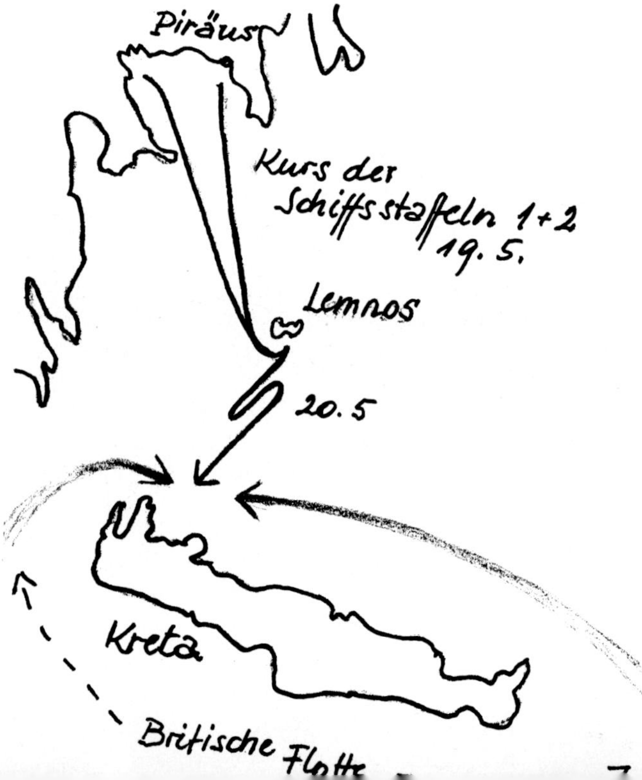

Beladung in Piräus.
Loading up in Piraeus.

Unterwegs. *On the move.*

Gebirgsjäger bei der Verladung einer Pak 5 cm. *Mountain troops loading up a 5 cm A/T gun.*

Von den etwa 50 Booten der leichten Schiffsstaffeln wurden vor Kreta elf oder zwölf versenkt. Zwei von ihnen wurden einfach durch Torpedoboote der Navy gerammt. Etwa 300 Gebirgs- und Fallschirmjäger fanden den Tod, etwa 200 wurden allein durch Seenotflugzeuge aus dem Wasser gerettet. 74 Soldaten erreichten die Kretische Küste.

Of the around 50 boats transporting troops to Crete, about eleven or twelve were sunk off the Crete coast. Two were rammed by torpedo boats of the Royal Navy. About 300 mountain troopers and paratroopers met their death. About 200 were rescued from the water by airplanes. 74 soldiers reached the Crete coast.

Mit Motorschaden im Schlepp.

Towing with a damaged engine.

Dies war der modernste Kaik. Die meisten waren über 50 Jahre alt, aus Holz und machten 4 bis 5 sm/h!

This was the newest caique. Most were over 50 years old and did 4 to 5 knots!

Ein gebombter britischer Kreuzer. Beim Ablaufen nach dem nächtlichen Angriff auf die Schiffsstaffeln aus den Gewässern nördlich Kreta erlitt die britische Flotte große Verluste durch deutsche Luftangriffe.

A bomb-damaged British cruiser. The Luftwaffe inflicated heavy losses on the British fleet as it sailed out of the waters north of Crete after its night attack on the German ships.

Die Kreter können alles gebrauchen! Dieser Segler wurde völlig ausgeplündert. Ein Stück der Segeltuchbespannung fanden wir später als Tischdecke in einer Kretischen Küche.

The Cretians used everything! This glider was completely stripped. A piece of the canvas was later seen being used as a tablecloth in a Cretian kitchen!

Wo die Kämpfe schon vorbei sind, werden die zivilen Nachrichtenverbindungen wieder aufgebaut und ausgenutzt.

Once the battle was over, the civilian communications were restored and used again.

Abgeschnitten von allen Verbindungen war die ärztliche Versorgung verwundeter Fallschirmjäger oft ein Problem, obwohl die Truppe mit Ärzten, Sanitätspersonal und Material gut ausgestattet war. Transportflugzeuge wurden stets zur Rücknahme Schwerverwundeter ausgenutzt.

Totally cut off from support, the medical treatment of wounded paratroopers was often a problem although they had sufficient doctors, medics and supplies. Air transports were always used to ferry back the seriously wounded.

Ärzte und Besatzung besprechen sich. Auch der Neuseeländer (links vorn) muß mit.

Doctors and crew in a discussion. The New Zealanders (front and left) had to come with them.

Auf dem Truppenverbandsplatz.

In the field treatment post.

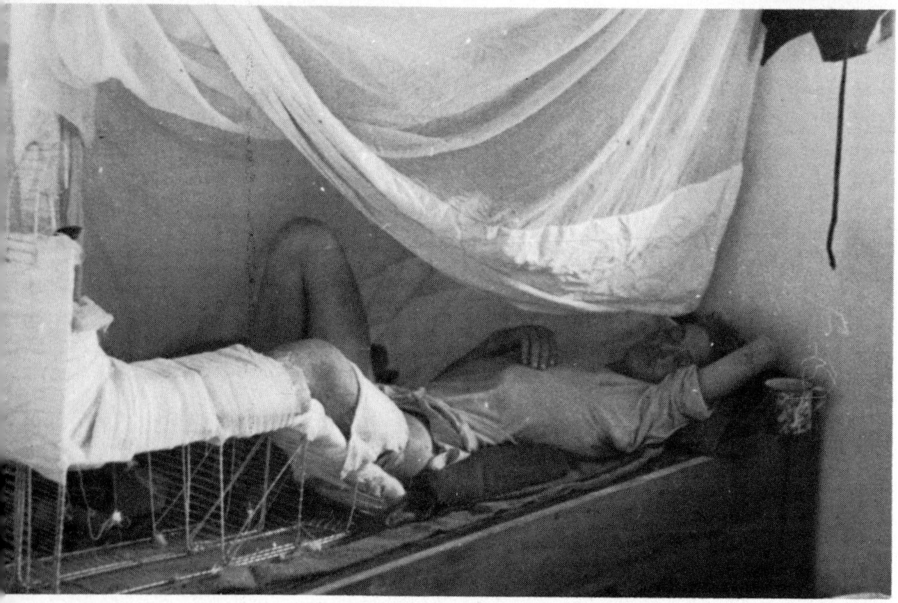

Feldlazarett

A field hospital.

Gefangene bringen einen ihrer Kameraden.

Prisoners bring one of their comrades.

Verwundete schleppen sich vom Verbandsplatz zum Lazarett.

The wounded dragged themselves from the dressing station to the field hospital.

Natürlich wird auch der verwundete Gegner versorgt. Es gab auf Kreta beiderseitige örtliche Waffenstillstände, um die Verwundeten aus der sengenden Sonne des Gefechtsfeldes zu bergen.

Of course the wounded enemy was also treated. On Crete, there were mutual local ceasefires to allow the wounded to be removed from the scorching sunshine of the battlefield.

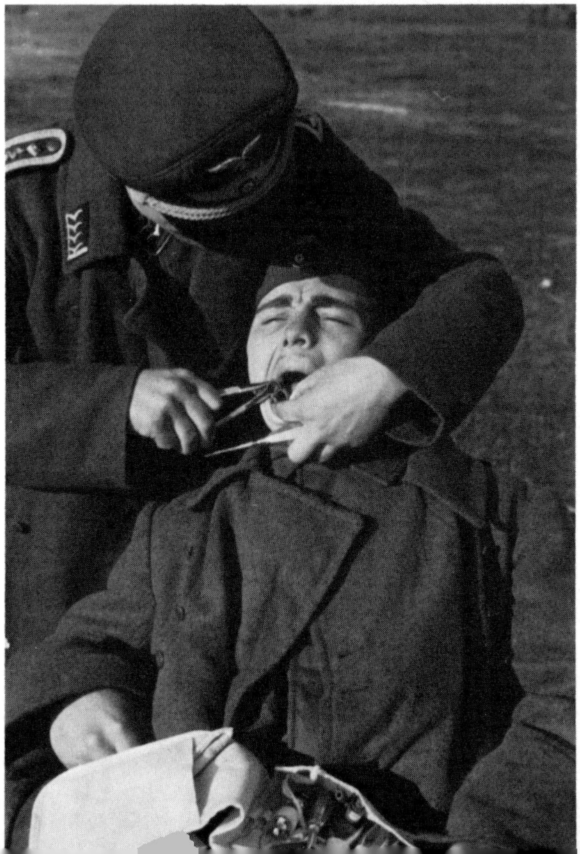

Ein verwundeter Neuseeländer.

A wounded New Zealander.

Auch der Zahnarzt sprang mit ab!

The dentist came along too!

Kretische Freiheitskämpfer kämpften nicht mit Steinen, sondern mordeten mit Jagdwaffen – oft mit international verbotener abgeplatteter Munition – aus dem Hinterhalt. Verwundete und sprungverletzte Soldaten wurden oft ihre Opfer, die sie danach ausplünderten. – Trotz vieler Greueltaten von Partisanen ist das Verhältnis der Bevölkerungsmehrheit zu den deutschen Eroberern korrekt, oft sogar freundlich gewesen.
Partisanenverdächtige Kreter werden vom Ic der Div. vernommen.

Cretian liberation fighters did not fight with stones but murdered with hunting weapons in ambushes. They even used internationally banned dum-dum bullets. Wounded soldiers and those injured after a jump were their usual victims and then often robbed them. Inspite of many acts of savagery by partisans, the relationship between the majority of the population with their German conquerors was correct, if not friendly. Cretians suspected of being partisans were questioned.

General Student wird in Ag. Nikolaos empfangen.

General Student being received in Ag. Nikolaos.

. . . und so sehen die Kreter selbst ihren Kampf.

. . and this is how the Cretians themselves see their struggle.

Ein Sprungverletzter hat unter dem Lastenschirm vor der Sonne Schutz gesucht.

A wounded jumper has taken cover from the sun under his chute.

Die Funkstelle eines Stabes ist im Weinacker gut getarnt.

The staff's radio post is well hidden in a vineyard.

General Student bei dem italienischen Regiment, das auf Kreta ankam, als der Kampf beendet war.

General Student with the Italian regiment that arrived on Crete once the fighting was over.

Hoher Besuch nach dem Kampf.
Student meldet Feldmarschall List auf Kreta.

Inspection after the battle by senior officers.
Student reporting to Field Marshal List on Crete.

Generaloberst Löhr, General Jeschonnek und (mit dem Rücken z. B.) Oberst Ramcke.

Colonel-General Löhr, General Jeschonnek and (with his back to the camera), Colonel Ramcke.

Akropolis Athen.

Fresko im Palast Minos/Knossos.

The fresco in the Palace of Minos in Cnossos.

Staunend standen die Soldaten vor den Zeugnissen antiker Kulturen.

Soldiers gaping at the evidence of ancient civilisations.

Nach Rückkehr aus Kreta wurde die Truppe in ihren Garnisonen begeistert begrüßt.

After returning from Crete, the troops were heartily welcomed back to their garrisons.

Fsch.Art.Abt. 7 (vorn Hptm. Schram) in Gardelegen.

Parachute Artillery Section 7 (front Capt. Schram) in Gardelegen.

I. Bataillon Sturm-Rgt. in Hildesheim.

1st Batt. of the Assault Regt. in Hildesheim.

Fsch.San.Abt. 7 in Halberstadt.

Parachute Medical Section 7 in Halberstadt.

Die Ritterkreuzträger von Kreta wurden vor dem Besuch bei Hitler von Göring empfangen.

The winners of the Knight's Cross in Crete were received by Göring before their visit to Hitler.

(von links) Göring, General Student, Oberst Sturm, Heidrich, Major Stenzler, Heilmann, Hauptmann Gericke, v. d. Heydte, Schirmer, Oberleutnant v. Roon.
Unteres Bild: Göring gibt die Hand Oberleutnant Herrmann, Egger, Becker, Barmetler, Trebes – nicht im Bild Oberleutnant Genz, Hagl und Leutnant Teusen, Fulda.

unvergessen . . .

DIE LUFT/SEESCHLACHT

Wir wollen hier nur noch auf ein Ereignis verweisen, das in Literatur und historischer Erinnerung neben dem Spektakel des Fallschirmangriffs vernachlässigt wird: Der Einsatz der Schiffsstaffeln gegen Kreta.

Hitler persönlich wollte den Angriff auf Kreta nicht nur auf das eine Bein des Luftlandeangriffs stellen, sondern befahl als zweites Angriffsbein die Aufstellung von Schiffsstaffeln, die durch Landung von See den Luftlandeangriff unterstützen sollten. Da es Marine-Einheiten im östlichen Mittelmeer nicht gab, wurden durch die Fallschirmtruppe selbst an Griechenlands Küsten und von den Inseln etwa 50 sogenannte Kaiks – Fischerboote und Frachtschoner zwischen 80 bis 200 Tonnen groß – zusammengesucht, auf denen etwa 4.500 Mann Fallschirmjäger (Artillerie und andere Einheiten mit schwerem Gerät) und Gebirgsjäger eingeschifft wurden, die im Westteil der Insel gelandet werden sollten. Durch die in Griechenland zurückgelassene Spionageorganisation war den Briten natürlich bekannt, daß auch eine Landung von See her auf Kreta erfolgen sollte. Als sich die wehrlose und langsame Landeflotte, die in zwei Staffeln geteilt war, in der Nacht nach dem Absprungtag der Küste Kretas näherte, wurde sie von britischen Kreuzern und Zerstörern elend zusammengeschossen und mußte umkehren.
Die Existenz der Schiffsstaffeln hatte aber zwei wichtige Folgen: Erstens wurde General Freyberg, der Verteidiger Kretas, in Erwartung der Seelandung, davon abgehalten, alle seine Truppen gegen die gelandeten Fallschirmjäger einzusetzen. Er beließ starke Teile zur Abwehr der Landung und verspielte damit die Möglichkeit, die abgesprungene Fallschirmtruppe, die anfangs nur 8.600 Mann stark war, zu vernichten. – Zweitens wurde die britische Mittelmeerflotte gezwungen, Kretas Nordküste zu überwachen. Sie geriet damit in den Flugbereich der deutschen Luftstreitkräfte, die in einer tagelangen Luft/Seeschlacht mehr als die halbe Kampfkraft der Royal Navy im Mittelmeer vernichten konnte. Allein von den fünf Großkampfschiffen der Briten wurden zwei Schlachtschiffe und der einzige Flugzeugträger durch Bomben so schwer getroffen, daß sie für lange Zeit ausfielen. Dies hätte, wie der Chef des Empire-Generalstabs, Allanbrooke, sagt, "durchaus den Rückzug der britischen Flotte aus dem Mittelmeer zur Folge haben können." Dieser Ausspruch zeigt die historische Dimension der Schlacht um Kreta auf, die von Hitler jedoch nicht genutzt wurde. Hitler dachte eben nicht historisch, sondern ideologisch – er begann den Krieg gegen Rußland.

GENERAL BRUNO BRÄUER

General Bruno Bräuer – hier als Oberst und Kommandeur des Fsch.Jg.Rgt. 1 – wurde 1893 in Schlesien geboren. Der Sohn eines Kriegsinvaliden von 1870/71 kam auf die "Militär-Knaben-Erziehungsanstalt" in Annaburg und zog als Unteroffizier mit dem Inf.Rgt. 155 in den Ersten Weltkrieg. Schon 1914 mit dem EK II ausgezeichnet, erwarb er als Angehöriger der "Sturmkompanie von Ravenstein" 1917 das EK I. Nach dem Krieg wurde er im Reichswehr-Schützen-Regiment 9 zum Leutnant befördert. 1920 trat er zur Polizei über und wurde 1933 im späteren Rgt. "General Göring" Major. Bei Aufstellung der Fallschirmtruppe erhielt er 1936 den Fallschirmschützenschein Nr. 1!
Als Kommandeur des Fsch.Jg.Rgt. 1 sprang er an der Spitze seines Regiments an den Moerdijkbrücken in Holland und bei Iraklion auf Kreta. Er erhielt das Ritterkreuz. Aus dem Rußlandeinsatz seines Regiments wurde Bräuer wieder auf die Insel Kreta abgerufen: er wurde Kommandant von Kreta. Mit den Kretern verband ihn zumeist aufrichtige Freundschaft, bis die Partisanentätigkeit auf der Insel ihn zu kriegsrechtlich erlaubten Gegenmaßnahmen zwang.
Der inzwischen zum General der Fallschirmtruppe beförderte Bräuer übernahm die Führung der 9. Fsch.-Jg.Div. im Osten, als die Russen sich der Reichsgrenze näherten. Im April 1945 wurde seine Division im Verband eines SS-Korps bei Küstrin in opfervoller Gegenwehr zerschlagen. Bräuer erkrankte und mußte die Division an Oberst Herrmann abgeben.
Die Engländer lieferten ihn nach dem Kriegsende an Griechenland aus. Er wurde hier wegen angeblicher Kriegsverbrechen vor ein Sondergericht gestellt, das das Verfahren im Hochmut der Siegermacht keineswegs nach rechtlichen Grundsätzen führte. Er wurde zum Tode verurteilt und am 20. Mai 1947 – am Tage vor Kreta! – zusammen mit seinem Nachfolger als Inselkommandant, General Müller, standrechtlich erschossen. Ein Opfer der Siegerjustiz –

Oberst Bräuer im Gespräch mit Hauptmann Prager, im Hintergrund Oberleutnant Schuller.

Colonel Bräuer in conversation with Captain Prager, in the background 1st. Lieut. Schuller.

Das mittlere Kreuz steht auf dem Grab des Generals.

The cross in the middle is on the grave of the General.

HIN UND HER IN AFRIKA

Der Krieg in Afrika hatte sein eigenes Gesicht. Es war entlang der Mittelmeerküste nur ein verhältnismäßig schmaler Landstreifen zwischen Meer und Wüste zur Kampfführung geeignet. Lebensnerv dieses Geländestreifens war die parallel zum Ufer verlaufende Küstenstraße, die zur Versorgung beider Fronten unbedingt benötigt wurde, denn landeinwärts gab es nur streckenweise Pisten mit großen Geländeschwierigkeiten. Die im Küstenstreifen naturgemäß starke Front verlor sich, zur Wüste hin immer schwächer werdend, in einzelne Posten, während an der Hauptfront zeitweise 600 Panzer und große Mengen Artillerie konzentriert waren. Daher wurden Offensiven sehr oft durch Umgehungsmanöver aus der Wüste eingeleitet, die Material und Menschen außerordentlich beanspruchten. Die Wüste brachte – buchstäblich – Sand ins Getriebe, und die klimatischen und hygienischen Verhältnisse verursachten neben den Verlusten aus den Kämpfen einen überdurchschnittlichen Personalausfall.
Der Krieg in Afrika war ganz wesentlich ein Abnutzungskrieg, der durch steten Nachschub von Menschen, Waffen und Gerät genährt werden mußte.
Erfolge oder Mißerfolge hingen daher in besonderem Maße von der Funktion des Nachschubs ab. Bei den ungeheuren Entfernungen hatten es beide Seiten recht schwer, den berechtigten Forderungen der Fronttruppen gerecht zu werden. Der Weg aus Deutschland führte zunächst mit der Bahn zu Häfen in Italien, dort mußte auf Schiffe umgeladen werden, die über das Mittelmeer – an Malta vorbei! – im Geleit fahren mußten, ehe nach abermaliger Umladung auf Lastkraftwagen weitere 1.500 Kilometer zur Front (z. B. nach El Alamein) zu überwinden waren. Gesamtlänge: etwa 5.000 Kilometer! Transporte mußten durch wochenlange Dauer hinter den Anforderungen der Front hinterherhinken und führten zu steten Engpässen der Versorgung bei der Truppe. Dazu kam, daß die allgemeine Lage durch Rückschläge an der Ostfront des Reiches schon übermäßig strapaziert wurde, also eine genügende V o r s o r g e durch Nachschubgüter nicht mehr möglich war.

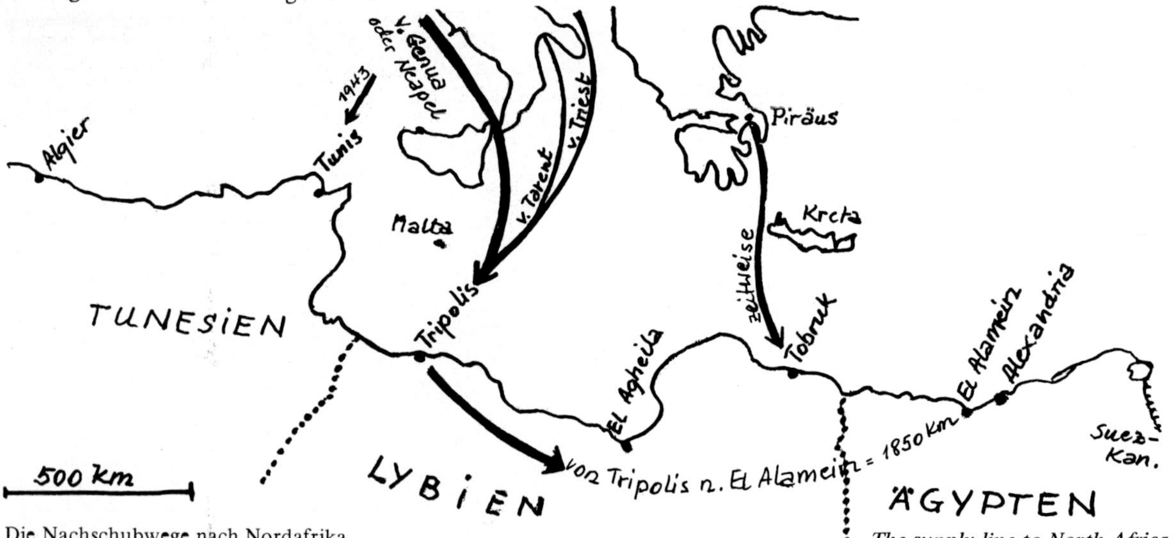

Die Nachschubwege nach Nordafrika.

The supply line to North Africa.

Hitler hatte der Bitte Mussolinis stattgegeben, der 1941 für Nordafrika um deutsche Hilfe bat, da der Verlust der gesamten italienischen Besitzungen drohte. Er ahnte gewiß die Schwierigkeiten, die sich für das Reich daraus ergaben: als die Ritterkreuzträger der Fallschirmtruppe aus Kreta Mitte Juli 1941 bei Hitler zu Gast waren, sagte er zu diesem Thema: ". . . aber wer A gesagt hat, muß nun auch B sagen" und deutete damit an, daß wohl auch weitere Fallschirmtruppen in Afrika benötigt werden würden. Genau ein Jahr später befand sich die "Brigade Ramcke" auf dem Lufttransport nach Afrika. Sie bestand aus vier Fallschirm-Bataillonen unter der Führung der Majore Burkhardt, von der Heydte, Hübner und Kroh sowie einigen Brigadeeinheiten. Die etwa 2.500 Fallschirmjäger hatten außer ein paar Motorrädern und einigen Kettenkrädern keine weiteren Fahrzeuge, da Heer und Luftwaffe kaum helfen konnten. Als die Briten Ende Oktober 1942 ihren Großangriff gegen das Afrikakorps begannen, wurde die Brigade Ramcke abgeschnitten und mußte fünf Tage lang – ohne jegliche Versorgung, fast ohne Wasser und Verpflegung! – zu Fuß durch die Wüste trecken, ehe sie – unter Verlust des Bataillon Burkhardt – wieder Anschluß an deutsche Truppen erreichte. Die Brigade war auf 600 Mann zusammengeschrumpft.

Im November landeten die Alliierten in Marokko und Algerien auf über 500 Schiffen. Sie überwältigten in fünftägigem Kampf die paar zu Vichy stehenden Franzosen und gingen nach Osten vor. Damit war in Nordafrika eine zweite Front entstanden, mit der die deutsche Führung nicht gerechnet hatte. In aller Eile wurde – im Lufttransport nach Tunis und Biserta gebracht – eine zunächst sehr schwache Widerstandslinie aufgebaut, deren Rückgrat wieder Fallschirmjäger waren: das Fsch.Jg.Rgt. 5 unter Oberstlt. Koch, ein rasch zusammengestelltes Rgt. unter Führung von Oberst Barenthin und das Korps-Pi.Btl. unter Führung von Major Witzig. Unter den Schwierigkeiten eines immer spärlicher werdenden Nachschubs konnten die deutschen Truppen, die nach Abberufung Rommels von General von Arnim befehligt wurden, noch ein ganzes Halbjahr widerstehen. Am 7. Mai 1943 gehen Tunis und Biserta verloren, am 13. müssen die letzten Kräfte auf der Halbinsel Bone kapitulieren. Insgesamt gehen 250.000 Mann Deutsche und Italiener in Gefangenschaft. Das Mittelmeer war nun Basis der Alliierten für zukünftige Landungen, die von Südfrankreich die langen Küsten bis hin nach Griechenland bedrohten. Sie begannen mit der Invasion auf Sizilien.

General Ramcke fliegt nach Afrika und macht unterwegs ein kleines Nickerchen.

General Ramcke flew to Africa, having forty winks on the way.

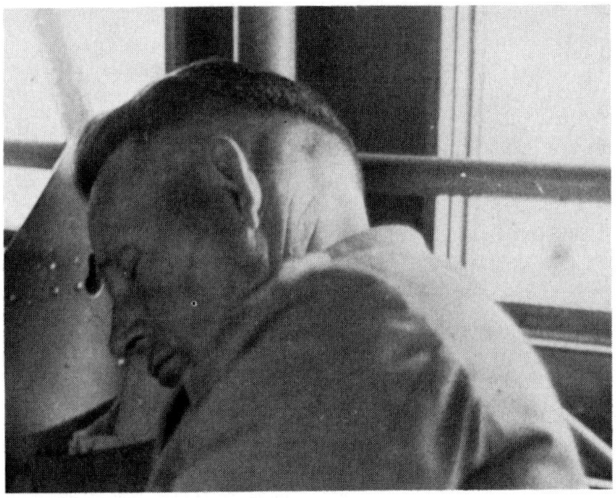

FALLSCHIRMJÄGER IN AFRIKA

The Paratroops in Africa

Der Generalquartiermeister der Luftwaffe hat aus den Berichten der Truppe gelernt: Es gibt jetzt für die Fallschirmjäger Tropenausrüstung.

The Quartermaster-General of the Luftwaffe learned from the reports from the troops: The paratroopers get their tropical equipment.

Die wichtige Küstenstraße entlang der Mittelmeerküste ist immer ein Brennpunkt der Kämpfe. Sie ist auf 1.000 Kilometer gesäumt von abgeschossenen Panzern.

The important coastal road along the Mediterranean was always the hot spot of the war. 1,000 kilometres of it is lined with wrecks of tanks.

Beobachter an der Küste . . .

Observers on the coast . . .

. . . und in der Wüste.

. . . and in the desert.

Um die starke Verteidigung am Abschnitt der Küstenstraße zu umgehen, versuchte man auf beiden Seiten weite Umgehung durch die Wüste. Die Engländer führten auch Umgehungen über See aus.

To outflank the strong defences along the coast, both sides looked for alternative routes through the desert. The British also conducted outflanking movements by sea.

So endete ein Umfassungsversuch der Briten 1942 bei Tobruk.

This is how the attempt to bypass Tobruk by the British ended in 1942.

Ein Araberjunge kommt und erzählt von den Tommies.

An Arab boy is coming to tell stories about the British.

Überall in Afrika konnten sich deutsche Soldaten gefahrlos – auch einzeln – sehen lassen.

German soldiers could go anywhere in Africa without risk, even alone.

Im oft deckungslosen Wüstengebiet hatten die Jagdflieger beider Seiten eine erhöhte Bedeutung. Der Name des jungen Hauptmann Marseille, der hier nach 158 Luftsiegen bei einem Rettungssprung am Fallschirm den Fliegertod fand, ist unvergessen. – 1943 schützten Major Müncheberg und Hauptmann Baer den Luftraum über Tunesien.

As the skies in the desert were often cloudless, the fighter aircraft of both sides were all the more important. The name of the young Captain Marseille lives on. He died a flyers death after 158 kills when making an emergency jump by a parachute. In 1943, Major Müncheberg and Captain Baer provided the air cover.

Flugzeuge über der Stellung.

Auch manche Araber stellten sich der Fallschirmtruppe als Mitkämpfer und Führer in der Wüste zur Verfügung, wie hier Ahmed (Bildmitte), der später schwer verwundet wurde.

Even a number of Arabs offered their services to the paratroopers as guides and fought alongside the Germans, like Ahmed here who was later seriously wounded.

Um die Widerstandskraft der Italiener stärker zu motivieren, wurden deutsche Einheiten als "Korsettstangen" dazwischen gelegt und die Italiener oft deutscher Führung unterstellt. General Ramcke bei einem solchen italienischen Regiment.

To motivate the Italians to put up stiffer resistance, German units were put between them as "corset stays", Italians were often placed under German officers. Ramcke with an Italian unit.

General Ramcke (Mitte) mit dem O.B. Afrikakorps, Feldmarschall Rommel.

General Ramcke (middle) with the C.O. of the Afrikakorps Field Marshal Rommel.

Ein Kp.-Gefechtsstand!

A company headquarters!

Britische Stellungen in der Wüste. In dem deckungslosen Gelände war ein Angriff auf solchen Ausbau ohne Artillerie- und Luftwaffenunterstützung ohne Chance.

British positions in the desert. As there was no natural cover in this terrain, an attack on such a position without air and artillery support was hopeless.

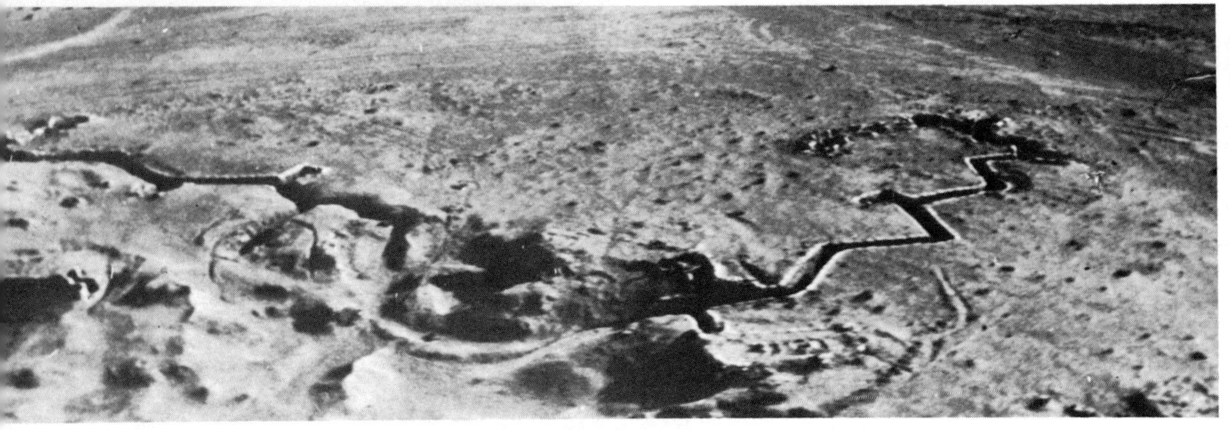

Afrika war zumeist Hitze und Sand oder Fels und steiniger Boden. Aber im Granattrichter eines Wadi gab's auch Wasser. Der Küstenstreifen war oft sehr fruchtbar.

Africa was mostly heat and sand or rock and stony soil. However, in the shall-brater of a wadi there was some water. The coastal strip was often very fertile.

Der Oberbefehlshaber Süd, Generalfeldmarschall Kesselring, war häufig an der Front in Afrika, um die Truppen zu besuchen.

Commander-in-chief of the Southern Front, Field Marshal General Kesselring was often seen at the front in Africa inspecting the troops.

Wenn Verpflegung und Wasser kommt, wird er schon wach werden!

When supplies and water arrive, he will soon wake up.

Kamele und Panzerjäger – ein ungewöhnliches Bild! *Camels and SP A/T guns – a strange combination!*

Eine 10 cm-Kanonenbatterie bekämpft eine Panzeransammlung.

A 10 cm artillery battery shelling a tank concentration.

Verwundete werden versorgt, aber auch so mancher Kamerad begraben.

The wounded were treated, but others were buried.

Die Brigade Ramcke konnte während der ganzen Zeit der Kämpfe in der Cyrenaika nicht ausreichend mit Kraftfahrzeugen ausgerüstet werden; da die Fsch.-Truppe im Lufttransport nach Afrika kam, konnten keine eigenen Fahrzeuge mitgenommen werden.
Jedes Beutefahrzeug wurde – so es ging – wieder instandgesetzt. Ganz besonders natürlich Kampffahrzeuge wie dieser Panzer.

Brigade Ramcke for the whole of the battle in Cyrenaica could not be supplied with sufficient motor vehicles. This was because the troops came to Africa in air transports. Every captured vehicle, so long as it was working, was pressed into service, especially, of course, these fighting vehicles.

Unter dem Schutz motorisierter Heeresflak geht es schwer bepackt in die Bereitstellung zum Angriff, der auch von italienischen Panzern unterstützt wird.

Protected by the army's motorized A/A artillery, off to the attack supported by Italian tanks.

Eine Feldbäckerei

1943

Nach der alliierten Landung in Algerien mußte im Westen Tunesiens überhastet eine neue Front aufgebaut werden.
Das Regiment Barenthin sowie das Fsch.Jg.-Rgt. 5 (Oberstleutnant Koch) wurde mit dem Pi.Btl. Witzig nach Biserta und Tunis geflogen.
Die Truppe marschierte durch Biserta, an die Front.
Offiziere erkunden das Gelände.

After the allied landing in Algeria, a new front had to be formed rapidly in western Tunisia. Regt. Barenthin and Para Regt. 5 (Lt.Col. Koch) were flown to Biserta and Tunis along with Engineer Batt. Witzig. The troops marched through Biserta to the front.

Posten vor dem Gefechtsstand des Pi.Btl.

Sentries by the HQ of the Eng. Batt.

Auch die Alliierten hatten Schwierigkeiten beim Anmarsch. *The allies too had difficulties on their advance.*

Die Fallschirmtruppe geriet in schwere Kämpfe mit dem an Panzern und Artillerie stark überlegenen Gegner. Beim Angriff des britischen Fallschirmbataillons des Major Frost kämpften erstmals britische und deutsche Fallschirmjäger gegeneinander am 29. November 1942 an der Brücke von Fahs. Am 2. Dezember hatte das Bataillon Frost 16 Offiziere und 250 Mann verloren.

The paratroops got caught up in heavy fighting with the tanks and artillery of a much more numerous enemy. On 29th November at the Fahs bridge, the attack of Major Frost's battalion of British paratroopers brought British and German paratroopers into combat with each other for the first time. On2nd December, Frost had lost 16 officers and 250 men.

Bereitstellung zur Offensive bei Sedjenane. *Preparations for the offensive at Sedjenane.*

Nach dem Aufbau einer schwachen Front an der Grenze von Tunesien erwarteten die Fallschirm- und Heerestruppen die Tommies und Amis.

After forming a weak front on the border of Tunisia, the paratroopers and army soldiers awaited the British and Americans.

Ein Bataillons-Gefechtsstand.

A battalion HQ.

Major Bayer, Oberst Barenthin, Major Witzig (von links).

Der Kommandeur des Fsch.Jg.Rgt. 5, Oberstleutnant Koch, bei der Verleihung von Eisernen Kreuzen nach den Kämpfen bei Fahs und Depienne.

Commander of Para Regt. 5, Lt.Col. Koch, at the presentation of Iron Crosses after the battles of Fahs and Depienne.

Der Kommandeur des Fsch.Jg.Rgt. Barenthin mit Offizieren.

CO of Para Regt. Barenthin with officers.

Panzer der Armeegruppe von Arnim unterstützen die Fallschirmjäger.

Tanks of Army Group von Arnim support the paratroopers.

Für die Teilnehmer des Afrika-Feldzuges wurde das Ärmelband "Afrika" gestiftet.

Veterans of the Africa campaign were awarded the "Afrika" armband.

Diese Feldpostkarte aus der Gefangenschaft berichtet vom Schicksal zweier Kameraden: Tod und Gefangenschaft.

This army post card sent from a POW camp reports the fate of two comrades: one dead, one taken prisoner.

M.E. FORM 62

Lager Nr. 303

c/o CHIEF P.O.W. POSTAL CENTRE, MIDDLE EAST

Von Kriegsgefangenem Nr. 051 084.

Name Haseneder Alfons. Dienstgrad Oberleutnant.

21.1.43! Sehr verehrter Herr Schulz! In trauriger Pflichterfüllung teile ich Ihnen mit, dass Ihr Sohn, Gefreiter Hans Schulz, am zweiten November um dreiundzwanzig Uhr durch Granatsplitter in den Kopf gefallen ist. Ich hab Ihren Sohn selbst beerdigt. Nähere Angaben später! Frühere Mitteilung war nicht möglich, da ich am sechsten November in englische Gefangenschaft geriet. Nehmen Sie mein tiefstes Mitempfinden entgegen! Ihr Haseneder, Oberleut.

DEUTLICH SCHREIBEN

ÜBER SIZILIEN NACH ITALIEN

Als in der kurzen Sommernacht zum 10. Juli 1943 die alliierten Truppen unter dem Feuerschutz der schweren Geschütze ihrer Kriegsflotten und unter dem Einsatz fast ihrer ganzen Fallschirmtruppen in Sizilien an Land gingen, begann der Krieg in Italien, der fast zwei Jahre bis in die ersten Maitage 1945 dauern sollte. Die lange Dauer des Kampfes in Italien ist auf die ängstliche, zögernde Taktik – hauptsächlich der amerikanischen Führung zurückzuführen, die, um ihre Truppen zu schonen, stets und recht schwerfällig ihre materielle Überlegenheit glaubte einsetzen zu müssen. Verluste hat sie damit kaum vermieden, aber den Krieg in Italien verlängert. Rücksichtslos waren die Amerikaner nur in der Mißachtung des deutschen Angebots, historische Stätten von hoher kultureller Bedeutung als "offene" Orte anzuerkennen. Dies gilt für das berühmte Kloster auf dem Monte Cassino ebenso wie für die Städte Rom und Florenz.
Die Italiener waren kriegsmüde. Nachdem die Landung auf Sizilien erfolgt war, leistete die 7. italienische Armee kaum Widerstand. Als die Alliierten dies erkannt hatten, führten sie auch gegen die deutschen Truppen einen psychologischen Krieg.

Damit allerdings hatten sie nur einen äußerst geringen Erfolg und bei Fallschirmjägern überhaupt nicht! Auf Sizilien kämpfte auch die 1. Fsch.Jg.Div. (unter Gen. Heidrich), die eiligst im Luftmarsch aus Frankreich nach Süditalien gebracht worden. Dort stellte man auf den Zwischenlandeplätzen fest, daß eine Landung auf Sizilien nicht mehr möglich war. So mußten das Fsch.Jg.Rgt. 3, Teile des 4. Rgt. und einige Div.-Truppen im Sprungeinsatz nahe den geplanten Einsatzräumen landen. Nur ein paar schwere Waffen konnten mit Lastenseglern Go 242 mitgenommen werden. Hier fanden auch schwere, direkte Kämpfe von deutschen gegen britische Fallschirmjäger statt, als die 1. brit. Fsch.Brig. an der Simeto-Brücke sprang, die Brücke in Besitz nahm und dann durch eine Kampfgruppe unter Hptm. Stangenberg (Ib im Stabe der 1. Fsch.Div.) wieder zurückgeworfen wurde. Das Fsch.Jg.Rgt. 3 wurde im Verlauf der Kämpfe eingeschlossen, durchbrach auf abenteuerliche Weise nachts die Umklammerung und blieb für die deutsche Führung drei Tage lang verschollen, bis der Anschluß wieder hergestellt wurde. Eine meisterliche Führung durch den Kommandeur, Oberstlt. Heilmann!
Es wurde schnell klar, daß Sizilien von den fast allein kämpfenden drei deutschen Divisionen nicht gehalten werden konnte. Hatten die Alliierten doch in den ersten 22 Stunden 160.000 Mann mit 600 Panzern gelandet! Nachdem sich Feldmarschall Kesselring entschlossen hatte, die Insel zu räumen, wurden alle deutschen und die wenigen noch kämpfenden italienischen Einheiten – erstaunlicherweise ohne größere Verluste – von der Insel evakuiert. Als letzte verließen deutsche Fallschirmjäger Sizilien.
(Zu den drei deutschen Divisionen gehörte auch die Fallschirm-Panzerdivision "Hermann Göring". Da diese Div. keine springenden oder luftlandefähigen Einheiten hatte, obwohl sie die Bezeichnung "Fallschirm" in ihrem Namen trug, wird sie in diesem Band übergangen. Eine Aufnahme dieser tapferen und überaus erfolgreichen Einheit würde den Rahmen unseres Buches sprengen.)
Nach dem Verlust Siziliens wurde auch die 2. Fsch.Jg.Div. (unter Gen. Ramcke) aus Frankreich nach Italien verlegt, das ja nun unmittelbar bedroht war. Fast 3.000 Kilometer zumeist ungeschützte Küste lassen sich nicht gegen eine Invasion sichern. So war denn auch klar, daß die sechs in Süditalien stehenden Divisionen, von denen drei aus Sizilien zurückgekommen, zahlenmäßig dezimiert und auffrischungsbedürftig waren, es schwer haben würden, eine neue Landung in Süditalien zu verhindern.
Es landeten vom 3. bis 8. September ein britisches Korps bei Reggio, die 1. britische Fsch.Brig. bei Pizzo, ein US-Korps und ein britisches Korps in der Bucht von Salerno, und bei Tarent fiel die britische Luftlandedivision vom Himmel!
Überlagert wurden diese Invasionen durch den am 8. September bekanntgegebenen Abfall Italiens von der "Achse". Italien war bereit, zu den Alliierten überzugehen!
Eine Palastrevolution im "Großen Faschistischen Rat" hatte am 24. Juli Mussolini zum Rücktritt gezwungen. Im Einvernehmen mit dem König wurde er festgenommen und an einen geheimen Ort gebracht. Am 3. September ließ Badoglio, nunmehr Ministerpräsident der neuen Regierung, auf Sizilien einen geheimen "Sonderwaffenstillstand" unterzeichnen, versicherte jedoch gegenüber den Deutschen, daß Italien getreu seinen Verpflichtungen an ihrer Seite weiterkämpfen würde! Während Kesselring den Italienern noch vertraute und die Beteuerungen Badoglios ernst nahm, ließ Hitler seit der Verhaftung Mussolinis Vorkehrungen treffen für den Fall, daß Italien kapitulieren sollte: SS-Sturmführer Skorzeny wurde

von ihm beauftragt, den Aufenthaltsort Mussolinis zu erkunden und General Student erhielt den Befehl, eine Befreiung Mussolinis, die Festnahme der königlichen Familie und des Commando Supremo vorzubereiten. Als dann am 8. September der Verrat Italiens durch Veröffentlichung der Alliierten bekannt wurde, überstürzten sich die Ereignisse:
8. September – Bombardierung von Frascati, wo die Stäbe des VIII. Fl.-Korps (General von Richthofen) und des XI. Fl.-Korps (General Student) untergebracht waren – Hauptlandung in Salerno.
9. September – Entwaffnung der fünf im Umkreis von Rom stehenden italienischen Divisionen durch 3. Pz.Gren.- und 2. Fsch.Div. – Sprungeinsatz des II./Fsch.Jg.Rgt. 6 (Major Gericke) zur Einnahme des Hauptquartiers des Commando Supremo in Monte Rotondo,
12. September – Befreiung Mussolinis auf dem Gran Sasso durch das Fsch.Jg.Lehr-Btl. (I./Fsch.Jg.Rgt. 7 unter Major Mors),
17. September – Sprungeinsatz gegen die Besatzung der Insel Elba (rund 10.000 Mann Besatzung!) durch das II./Fsch.Jg.Rgt. 7 (Major Hübner).
Wahrhaftig turbulente Tage für die deutsche Führung und Truppe!
Erinnern wir uns kurz der Ergebnisse:
Die Landung konnte nicht verhindert werden, wenn auch die Amerikaner bei Salerno in arge Bedrängnis kamen, ehe die Briten sie wieder raushauten. – Die Bombardierung Frascatis hatte nur geringe militärische Wirkung. Allerdings wurde die Innenstadt zerstört, und viele Zivilisten fanden den Tod. – Die Entwaffnung der Italiener gelang trotz ihrer vielfachen Übermacht. Nur in Rom kam es zu schweren Kämpfen, bei denen die Fallschirmtruppe über 100 Gefallene verlor. – Der Sprung ins Commando Supremo ging ins Leere. Der dort vermutete König und die Generale Badoglio und Roatta waren tags zuvor nach Süditalien geflüchtet. Trotzdem wurde auch hier erbittert gekämpft. – Die Befreiung Mussolinis glückte. – Auf Elba ergab sich die Besatzung.
Die Lage hatte sich damit stabilisiert, Kesselring konnte nun aus Süditalien hinhaltend kämpfend zurückgehen und eine Abwehrstellung noch weit südlich von Rom aufbauen. Es war die Linie am Volturno (später am Liri) über Cassino nach Ortona. Diese Stellungen konnten bis zum Frühjahr 1944 im wesentlichen gehalten werden, wobei sich drei mörderische Cassino-Schlachten entwickelten und am 15. Februar das unbesetzte Kloster, die Erzabtei der Benediktiner, von amerikanischen Bombern völlig zerstört wurde. Zwei dieser Schlachten bei Cassino wurden mit Schwerpunkt gegen die 1. Fallschirmdivision geführt. Ein Durchbruch am Monte Cassino gelang den immer wieder anrennenden alliierten Truppen nicht. Zur Entlastung führten Briten und Amerikaner Ende Januar eine Landung im Rücken dieser Front bei Anzio – Nettuno durch. Binnen kurzem gingen hier 150.000 Amerikaner und Briten an Land. Überhaupt kein kampfkräftiger deutscher Verband, vor allem aber auch kein einziger Panzer befand sich zwischen dem starken Landekopf und der Hauptstadt Rom! Die Alliierten hätten fast ungehindert nach Rom marschieren können. Aber wie immer: sie zögerten, bis eine deutsche Front aufgebaut war und ihnen bis Ende Mai erfolgreich Widerstand leisten konnte! Hier war von der deutschen Fallschirmtruppe die in Neuaufstellung begriffene 4. Fsch.Jg.Div. (unter Oberst Trettner) ab dem zweiten Tag nach der Landung mit ihren ankommenden Teilen eingesetzt, und auch Teile der 1. Fsch.Jg.Div. leisteten in den Anfangstagen hier Widerstand.

Im Zusammenhang mit dem Abfall Italiens fand noch ein weiterer Sprungeinsatz statt: Die ägäischen Inseln waren – bis auf Rhodos und Kreta, wo sich deutsche Flugbasen befanden – italienisch besetzt. Nach dem Abschluß des Sonderwaffenstillstands zwischen den Alliierten und Badoglio landeten britische Einheiten auf Samos, Leros und Kos. Da diese Inseln die Versorgungslinien nach Rhodos und Kreta bedrohten, wurde Gen.Lt. Müller, Kommandeur der 22. Inf.Div., beauftragt, diese Inseln wieder zurückzuerobern. Kos wird Anfang Oktober durch eine Landung von See her erobert, aber für Leros erbat sich Gen. Müller eine Unterstützung durch Fallschirmjäger. Das I./Fsch.Jg.Rgt. 2 unter Hauptmann Kühne verlegte dazu auf den Flugplatz Tatoi bei Athen und startete am 11. November 1944 mit 470 Mann in aller Frühe zum Sprung nach Leros, nachdem in der Nacht Teile der 22. Inf.Div. und der Div. "Brandenburg" an Land gehen sollten. Über dem Mittelmeer kam plötzlich der Befehl "Sofort umdrehen!" – die nächtliche Landung der Heeresteile war mißglückt, sie war abgewiesen!

Zur Überraschung der Briten wurde das Unternehmen aber schon sechs Stunden später wiederholt, und diesmal glückte es. Das Btl. Kühne sprang an der Landenge auf die Insel und teilte sie damit. Auf Leros wurde drei Tage erbittert gekämpft, dann kapitulierte der britische General Tilny und 2.000 britische sowie 5.000 italienische Soldaten gingen in Gefangenschaft. Wie schwer die Kämpfe für das I./Fsch.Jg.-Rgt. 2 waren, zeigen die Verlustziffern: 70 Gefallene und über 100 Verwundete verlor das Bataillon.

Um die Kämpfe in Italien beurteilen zu können, muß man wissen, daß die Lage im Osten für Deutschland in dieser Zeit so bedrohlich wurde, daß personeller und materieller Ersatz für den Kriegsschauplatz Italien der stetigen Abnutzung weit hinterherhinkte. Die gesamte 1. Fsch.Jg.Div. z. B. hatte im September 1943 eine Kampfstärke von ganzen 608 Mann! Für die 4. Division erinnere ich mich, in den schlechtesten Tagen Kampfstärken unter 800 Mann gemeldet zu haben. Den Heeresdivisionen ging es nicht besser. Dazu kam die absolute Luftüberlegenheit, die den Nachschub tagsüber völlig blockieren konnte, Bombenteppiche in die Stellungen warf, hinter der Front auf jedes einzelne Fahrzeug, ja auf jeden einzelnen Soldaten schoß. Als ich an einem ruhigen Tag in der "Grünstellung" spazierenritt, sah mich ein Jabo, stürzte sich schießend auf mich und drehte, als ich hinter einer kleinen Mauer Schutz suchte, so daß er mich von der freien Seite erwischen wollte. Mehrmals mußte ich den Hürdensprung auf die andere Seite machen! Da mein Pferd erschreckt weggaloppiert war, durfte ich zu Fuß ins Quartier gehen.
Ende Mai hatten die Alliierten – bezeichnenderweise Franzosen! – einen Durchbruch durch die Front südwestlich Cassino erzwungen und gleichzeitig aus dem Landekopf Nettuno einen Großangriff geführt. Die Front mußte zurückgenommen werden, am 4. Juni rückten die Amerikaner in Rom ein.
Erst südlich Florenz kam die Front wieder zum Stehen. Hier lag die 4. Fsch.Jg.Div. im Schwerpunkt der Angriffe, die wieder mit einem riesigen Materialaufwand seitens der Gegner geführt wurden. "Am 31 Juli 1944 wurden im Abschnitt der 29. Pz.Gren.Div. und der 4. Fsch.Jg.Div. rund 50.000 Schuß gezählt. Dieser Artillerieeinsatz übertraf sogar die Kampfverhältnisse, wie sie einige Monate vorher bei Cassino in den schwersten Tagen geherrscht hatten", so beschreibt der Historiker Hümmelchen (Wehrpolitische Schriftenreihe Nr. 17) die Kämpfe vor Florenz. Auch hier in Florenz wollten die Deutschen die vorhandenen wertvollen Kulturgüter vor Zerstörung retten, aber die "offene Stadt" wurde von den Alliierten nicht als solche geachtet. Der berühmte Ponte Vecchio war unzerstört geblieben, als sich die 4. Div. zurückzog, aber die nachdrängenden Amerikaner und Briten nutzten sie, genau wie sie zuvor die Tiberbrücken in Rom nutzten!
Nachdem vor Bologna die Front noch ein letztes Mal für einige Wochen gehalten wurde, wurden die deutschen Kräfte weiter zurückgedrängt. Am 28. April ließ Generaloberst von Vietinghoff den Waffenstillstand mit den Alliierten unterzeichnen. Ein weiterer Widerstand war zwecklos geworden. Mit den Truppen in den Vorbergen der Alpen gingen auch die 1. und 4. Fsch.Jg.Div. in Gefangenschaft, soweit sie sich nicht durch die noch schneebedeckten Berge nach Deutschland durchmogelten. Auch das gelang gar nicht wenigen Fallschirmjägern.

Vor dem Gefechtsstand auf Leros. Ein Melder des I./Fsch.Jg.Rgt. 2 und der Kraftfahrer Schwier.

In front of the command post. A messenger from 1st Batt. Para Regt. 2 and driver Schwier.

Hauptmann Kühne erhielt wenig später am Landekopf bei Nettuno das Ritterkreuz.

Captain Kühne – only a short time later he was awarded the Knight's Cross at the Nettuno bridgehead.

Luftlandung in Sizilien nicht mehr möglich – also Absprung und zu Fuß in die Stellungen!

Air landings in Sicily were no longer possible – they either had to jump in or march in!

Auf Sizilien.

On Sicily.

Unablässig fuhren die Fähren zur Evakuierung der Insel. Die Räumung gelang! Auch das Großgerät, Lkw, Panzer und Kanonen wurden auf das Festland übergesetzt.

The ferries were used incessantly to evacuate the island. It was a successful evacuation! Even the heavy equipment – lorries, tanks and guns were brought back to the mainland.

Cassino wurde zu einem Schlachtfeld unsagbar harter Kämpfe. Drei Großangriffe nach vorhergehendem Bombenhagel zerstörten die Stadt vollkommen. Das Foto zeigt eindrucksvoll, wie steil die Berge hinter der Stadt ansteigen. Es wurde vor den Luftangriffen gemacht. Nur an den Straßen sieht man schon Bombentrichter der Jabos.

Cassino became a battle of ferocious fighting. The town itself was destroyed totally by three large assaults made after a hail of bombs.

Die ersten Bomben fallen auf die Stadt. Trotz der schweren Kaliber (50 bis 250 kg) überleben viele Verteidiger in den Kellern der massiven Häuser, aber im Zentrum des Angriffs verlor das II./Fsch.Jg.-Rgt. 3 beim zweiten Groß-angriff mit 600 Flugzeugen über 200 seiner 300 Jäger.

The first bombs falling on the town. In spite of the weight of the bombs (50 to 250 kg), many of the defenders survived in the cellars of the solid houses, but in the middle of the attack, the 2nd Batt. Para Regt. 3 lost 200 of these 300 men in the second raid by 600 planes.

Neben einem Sturmgeschütz erwarten die Fallschirmjäger wieder einen Angriff. In der Ecke sitzend Hauptmann Renneke, stehend mit Mütze Oberjäger R. Donth. Unten: Granatwerferstellung in den Ruinen.

Along with an assault gun, the paratroopers wait for the next attack. Sitting in the corner, Captain Renneke, standing with cap, Sgt. Donth. Below: Mortar position in the ruins.

Die Innenstadt Cassino nach den Bombenangriffen. Man glaubt nicht, daß hier noch Menschen lebten, aber in den Ruinen, die jetzt panzersicher sind, verteidigen sich die Fallschirmjäger weiter! Unten in der Bildmitte ist eine Gruppe dieser Soldaten zu sehen.

The town centre of Cassino after a bombing raid. Nobody could believe that people had survived it, but in the ruins which were now tank-proof, the paratroopers continued the defence! Below, in the centre of the picture, a group of these soldiers is visible.

Der 15. Februar 1944 – 360 Tonnen Bomben werden auf das Kloster, 2.500 Tonnen auf die schon zerstörte kleine Stadt abgeworfen – aus 746 Geschützrohren werden mehr als 200.000 Granaten verfeuert, 1.300 Lastwagen voll! Der Himmel über Stadt und Kloster war von den Explosionswolken, von Staub und Rauch verdunkelt – auf diesem Foto ist nichts retouchiert! Dann griffen 400 Panzer an, sie blieben in den Ruinen stecken, und als die Neuseeländer, die den Angriff weiter vortragen sollten, nach sechs Tagen ihren Angriff einstellen mußten, hatten sie zwar einen Teil der Ruinen besetzt, aber Cassino noch immer nicht erobern können.

15th February 1944: 360 tonnes of bombs on the monastery. 2,500 tonnes dropped on the already ruined town. More than 200,000 shells fired from 746 cannon barrels, 1,300 lorry-loads! The skies above the town and monastery were clouded out by explosions, dust and smoke. This photo has not been retouched! Then 400 tanks attacked, they were brought to a halt by the rubble, and when the New Zealanders, who were to continue the attack, had to give up six days later, they had only taken a part of the ruins and not Cassino itself.

RETTUNG DER KUNSTSCHÄTZE

Eine kulturelle Großtat der deutschen Wehrmacht muß hier erwähnt werden, weil auch die Fallschirmtruppe ihren bescheidenen Anteil daran hatte: Die Rettung der Kunstschätze aus dem Kloster auf dem Monte Cassino.

Als im Oktober 1943 klar wurde, daß Süditalien auf Dauer nicht gehalten werden könne, wurden neue Widerstandslinien vorbereitet. Dabei ergab sich, daß es strategisch wichtig werden würde, den Eingang in das Lirital Richtung Rom zu sperren. Die Eingangs-Eckpfeiler dieses Tales waren der Monte Maio (fast 1.000 Meter hoch) und der Monte Cassino, der die Bahnlinie und die Hauptstraße zu seinen Füßen 500 Meter überragte.

Hier würde Widerstand geleistet, hier würde gekämpft werden!

Die Erzabtei der Benediktiner auf dem Gipfel des Monte Cassino beherbergte reiches Kulturgut. Die Bibliothek umfaßte neben den 100.000 Bänden auch 10.000 alte Schriftrollen und Urkunden von Karl dem Großen, Kaiser Friedrich II., den alten Päpsten. Herrliche mittelalterliche Handschriften lagen im Archiv. In wertvollen Schreinen ruhten die Reliquien des Heiligen Benedikt. Überdies war die Gemäldegalerie von Neapel mit Werken von Brueghel und anderen alten Meistern ausgerechnet hierher ausgelagert worden. Unersetzliches Kulturgut!

Oberstleutnant Schlegel (1958 verstorben), damals Kommandeur der Instandsetzungsabteilung der Fsch.-Pz.Div. "Hermann Göring". ergriff die Initiative zur Rettung dieser Kunstschätze. Unterstützt von Prof. Evers, einem Sachverständigen im Stabe Feldmarschall Kesselrings, und mit Hilfe der Truppe überführte er mit Einverständnis des Abtes in mehr als 120 Fahrten mit vollbeladenen Lastwagen diese Schätze nach Rom. Vielleicht können nur Militärs ermessen, was es bedeutete, diese Transportkapazität in einer Zeit alliierter Landungen und turbulenter Truppenbewegungen für diese "kulturellen Aufgaben" freizustellen! Ein besonderer Befehl hatte zudem geboten, daß Fahrzeuge "nur noch zu rein militärischen Zwecken" eingesetzt werden durften. Oberstlt. Schlegel kümmerte sich nicht um diese Anordnung, und auch der Feldmarschall duldete die Übertretung.

Drei Wochen lang wurden von der Truppe unter Mithilfe italienischer Zivilisten über 700 Kisten gefertigt, ihr Inhalt sorgfältig registriert und sodann von Mönchen und Soldaten verladen. Als die Bomben der Amerikaner das Kloster in Schutt und Asche legten, befanden sich die wertvollsten Güter gerettet in der Obhut des Vatikans. Diesen Einsatz in außergewöhnlich schwieriger Lage sollte man nicht vergessen!

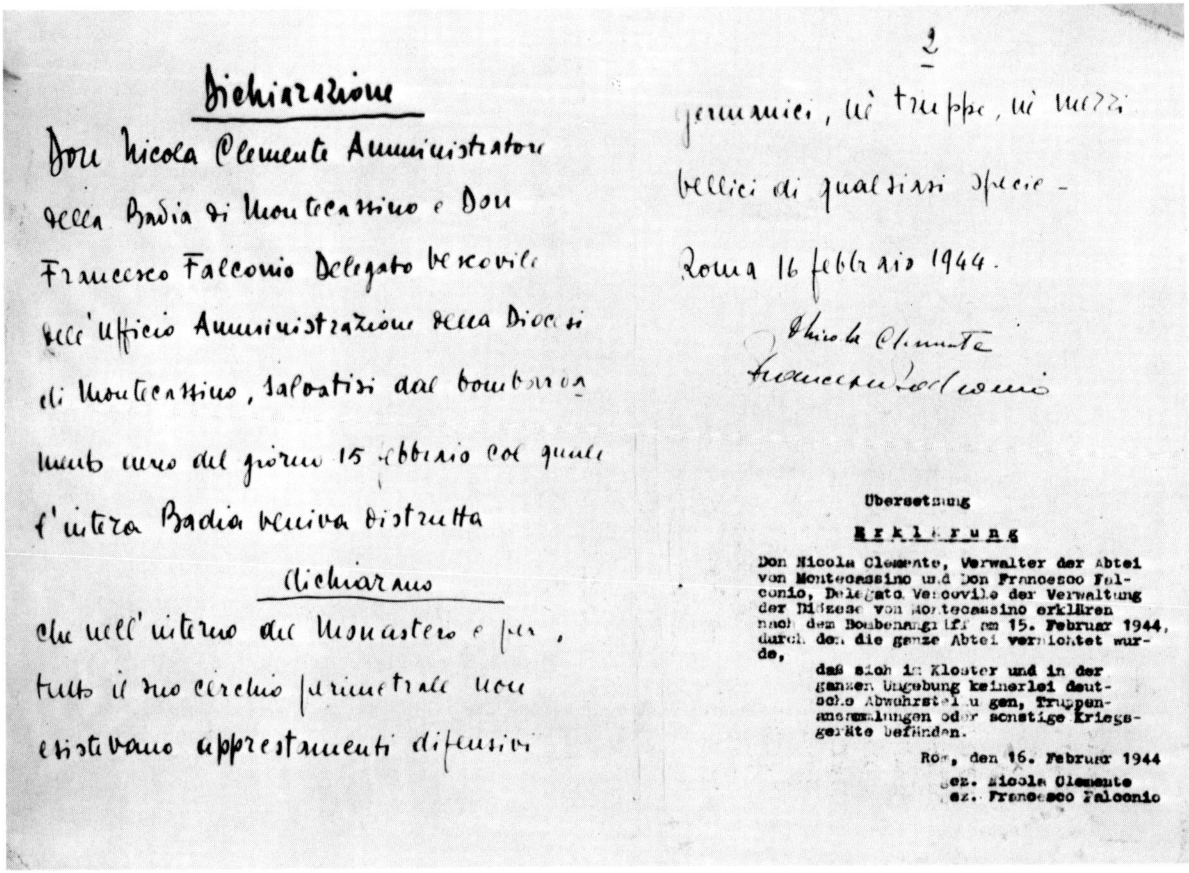

2

Dichiarazione

Don Nicola Clemente Amministratore della Badia di Montecassino e Don Francesco Falconio Delegato Vescovile dell'Ufficio Amministrazione della Diocesi di Montecassino, salvatisi dal bombardamento aereo del giorno 15 febbraio col quale l'intera Badia veniva distrutta

dichiarano

che nell'interno del Monastero e per tutto il suo cerchio perimetrale non esistevano apprestamenti difensivi germanici, nè truppe, nè mezzi bellici di qualsiasi specie.

Roma 16 febbraio 1944.

Nicola Clemente
Francesco Falconio

Übersetzung

Erklärung

Don Nicola Clemente, Verwalter der Abtei von Montecassino und Don Francesco Falconio, Delegato Vescovile der Verwaltung der Diözese von Montecassino erklären nach dem Bombenangriff am 15. Februar 1944, durch den die ganze Abtei vernichtet wurde,

daß sich im Kloster und in der ganzen Umgebung keinerlei deutsche Abwehrstellungen, Truppenansammlungen oder sonstige Kriegsgeräte befänden.

Rom, den 16. Februar 1944

gez. Nicola Clemente
gez. Francesco Falconio

Feldmarschall Kesselring hatte befohlen, daß kein Soldat das Kloster betreten dürfe und auch im Umkreis um das Kloster keine Stellungen angelegt werden dürfen. Diese Anordnung wurde durch besondere Posten überwacht.

Field Marshal Kesselring had ordered that no soldier was allowed to enter the monastery and no positions were to be taken up around it. Sentries were posted especially to enforce this order.

Die Inschrift auf einem Soldatenfriedhof bei Cassino (vor der Umbettung): "Deutschland, hier ruhen Deine Söhne".

The inscription on a soldiers' cemetry in Cassino (before they were reburied): "Germany, here rest your sons".

Das Tor des in 30 Jahren wiederaufgebauten Klosters Monte Cassino mit der Mahnung an die Welt: "Pax".
In den Kämpfen um Monte Cassino starben 350.000 Soldaten: Deutsche, Briten, Schotten, Kanadier, Inder, Gurkhas, Neuseeländer, Maoris, Südafrikaner, Franzosen, Algerier, Marokkaner, US-Soldaten, Polen, Brasilianer und Italiener.

Monte Cassino monastery took 30 years to rebuild. The inscription on its gate "Pax" is a reminder to the world. About 350,000 soldiers died in the Battle of Monte Cassino: Germans, English, Welsh, Scottish, Canadians, Gurkas, New Zealanders, Maoris, South Africans, French, Algerians, Maroccans, Americans, Poles, Brazilians and Italians.

Gleichzeitig mit dem Beginn der Cassino-Schlacht landeten die Amerikaner und Briten bei Anzio und Nettuno. Mit gewaltigem Aufwand und geschützt von einer großen Kriegsflotte, wurden innerhalb von 22 Stunden 36.000 Soldaten – Amerikaner und Briten – sowie über 3.000 Fahrzeuge an Land gebracht. Das zögernde Vorgehen der Gelandeten verhinderte einen Erfolg, der mit einem Stoß in die rückwärtigen Verbindungen der Cassino-Front beabsichtigt war.
Unser Foto zeigt Ausladung in Nettuno.
Die in Aufstellung befindliche neue 4. Fsch.Div., unter dem Befehl von Oberst Trettner, hatte maßgeblichen Anteil am Aufbau einer Verteidigungslinie am Landekopf.

Simultaneously with the start of the Battle of Cassino, the Americans and British landed at Anzio and Nettuno. At a staggering coast and protected by a large fleet of warship, within 22 hours, 36,000 soldiers – British and American – along with 3,000 vehicles, were put ashore. The slow advance of those troops landed prevented a success that would have cut the communication in the rear of the Cassino front. Our photo shows a landing in Nettuno. Barrage balloons were supposed to hinder air attacks.
The 4th Para Div. which was in the process of being equipped played a significant role in the defence against the bridgehead. It was commanded by Colonel Trettner.

In Eile wird eine Abwehr gegen die Kräfte aus dem Landekopf aufgebaut.

Fallschirmjäger gehen in Stellung.

The defence against the forces in the bridge-head was assembled in a rush.

Paratroopers taking up their positions.

Minen werden verlegt.

Mines being laid.

Pz.-Abwehr wird bereitgestellt. *Anti-tank positions.*

Die Front am Landekopf steht. *The front against the bridgehead held.*

Der Frontabschnitt der 4. Fsch.Jg.-Div. entlang der Moletta war zwar panzersicher, aber der dichte Bewuchs verursachte viele Verluste durch "Baumkrepierer", Geschosse, die in den Ästen explodierten.

The front line of the 4th Para Div. along the Moletta held up the tanks, but in the thick vegetation caused high losses from so-called "tree crawlers", shells that exploded in the branches.

Alarm

Ein Stoßtrupp macht sich bereit. *A raiding party getting ready.*

Dieser Stoßtrupp hatte Erfolg.

This raid was successful.

Belastend war die ständige Luftüberlegenheit der Alliierten während des ganzen Italienfeldzuges. Ungehindert konnten die Jabos jedes Ziel angreifen: Einzelne Fahrzeuge, ja sogar einzelne Männer.

Allied air superiority caused enormous problems throughout the entire Italian campaign. Their fighter-bombers could not be stopped from attacking their targets – individual vehicles and even individual men.

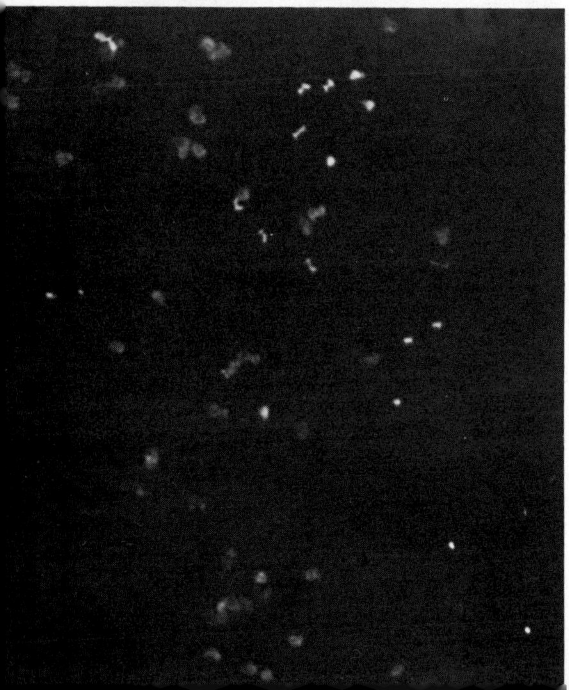

Nur vereinzelt konnten in der Nacht deutsche Bomber und Stukas den Landekopf angreifen. Und nur durch eine massierte Flakabwehr.

The German bombers and dive bombers could only attack the bridgehead alone and in the night. And even then, against massed A/A guns.

Der Kommandierende General Schlemm (Mitte) auf dem Gefechtsstand der 4. Fsch.Jg.Div. in einem Steinbruch an der Nettunofront. (Links Oberleutnant Engelhardt (Fsch.Jg.Rgt. 11), Generalmajor Trettner, rechts Oberleutnant Rabe und Major i. G. von Roon).
Unten: (von links) Generalmajor Trettner, der Oberkommandierende der 10. Armee, General der Pz.Tr. Lemelsen und Generalleutnant Heidrich.

The commanding general, Schlemm (centre) in the HQ of 4th Para div. in a quarry on the Nettuno front. (Left 1st Lt. Engelhardt, Para Regt. 11 – Major General Trettner, right 1st Lt. Rabe and Major von Roon).
Below: (from left) Major General Trettner, C-in-C of the 10th Army, Tank General Lemelsen and Lt. General Heidrich.

Links: Lagebesprechung vor der Stadt.
Mitte: Einmarsch nach Rom.
Unten: Erste Schußwechsel.

Left: Situation report in front of the city.
Centre: Advance to Rome.
Below: First exchange of shots.

Am 8. September 1943 erfolgte der "Kriegsaustritt" Italiens. Die Fallschirmverbände bei Rom – die 2. Fsch.Jg.-Div. und Korpstruppen des XI. Fl.Korps – hatten in und um Rom fünf italienische Divisionen zu entwaffnen. Es geschah in z. T. abenteuerlicher Weise. Nur in Rom selbst kam es zu harten Gefechten. Es gab über 100 Tote und über 200 verwundete deutsche Fallschirmjäger bei diesen Gefechten.

Italy surrendered on 8th September 1943. The paratroop units in Rome – 2nd Para Div. and corps troops of the XI Air Corps – had to disarm five Italian divisions in and around Rome. This was, at times, hair-raising. In Rome itself, there was a hard battle. The German paratroopers lost over 100 dead and 200 wounded in these battles.

Kampf um Rom

Battle of Rome.

Ein Leichtgeschütz feuert.

A light artillery piece firing.

Straßenkampf

Street battles

Abgeschossene italienische Panzer.

Knocked-out Italian tanks.

Von der Flugbasis Foggia aus startet das II./Fsch.Jg.Rgt. 6 zum Fallschirmeinsatz gegen das Commando Supremo in Monte Rotondo am 9. September.

On 9th September, the 2nd Batt. Para Regt. 6 started out from the airbase at Foggia for a parachute drop against the Italian supreme command.

Oben: Der Ort . . .

Above: The place . . .

. . . und die Absprung-plätze der Kompanien.

. . . and the jumping positions of the companies.

Das "Kastell" ist umzingelt – aber leer, das Commando Supremo tags zuvor entflohen!

The "castle" is surrounded – but it is empty, the Commando Supremo fled days ago!

Gefangene Soldaten und Zivilisten auf dem Weg zur Sammelstelle.

Captured soldiers and civilians on their way to the assembly point.

Der Kommandant des Stabsquartiers ist zur Übergabe gekommen.

The commander of the Staff HQ has come to surrender.

Die deutsche Flagge wird auf dem Kastell gehißt.

The German flag is raised over the castle.

Major Gericke zeichnet verdiente Soldaten mit dem EK II aus.

Major Gericke rewards soldiers with the Iron Cross.

Schon wenige Tage nach dem Sprungeinsatz Monte Rotondo erfolgte der Lastenseglereinsatz zur Befreiung Mussolinis am 12. September. Die Kompanie des Oberleutnant von Berlepsch vom Fsch.-Lehr-Btl., das aus Tarnungsgründen kurzfristig als I./Fsch.Jg.Rgt. 7 bezeichnet wurde, landete mit DFS 230 unmittelbar am Berghotel Campo Imperatore.

Only a few days after the parachute attack on Monte Rotondo, a glider action to free Mussolini was undertaken on 12th September. 1st Lt. von Berlepsch of the Para Training Batt. which was disguised for a short time as the 1st Batt. Para Regt. 7, landed directly on the mountain hotel "Campo Imperatore" in DFS 230s.

Das Berghotel auf dem "Campo Imperatore".

The mountain hotel on the "Campo Imperatore".

Eine Sicherungsgruppe vor dem Hotel. *A security group in front of the hotel.*

Schwieriger Start des Fieseler "Storch" – Pilot Oberleutnant Gerlach – auf dem abfallenden steinigen Gelände des Plateaus. Es fliegen mit: Mussolini und SS-Sturmführer Skorzeny.

A difficult take-off for the Fieseler Storch with Pilot 1st Lt. Gerlach over the stony terrain downhill of the plateau. Mussolini and SS-Sturmführer Skorzeny flew with him.

Ein Wort zu Skorzeny, der in seinen Büchern behauptet, er habe das Unternehmen befehligt und verantwortet: Skorzeny war von Hitler persönlich dem Stabe General Students zugeteilt, um den geheim gehaltenen Aufenthaltsort Mussolinis zu erkunden. Er war Mussolini hart auf den Fersen, aber die Vermutung, daß sich Mussolini auf dem Gran Sasso befindet, ergab sich aus einem mitgehörten Funkspruch der Italiener, den der SS-Oberführer Kappler, Chef des Sicherheitsdienstes in Rom, an Skorzeny weitergab. Eine Gewißheit, daß sich Mussolini in dem 1.300 Meter hoch gelegenen Berghotel befand, das nur mit einer Seilbahn zu erreichen war, gab es nicht. Student, der den Einsatz persönlich nach dem Vorschlag des Btl.Kdr., Major Mors, geplant hatte, ließ auf gut Glück starten! Skorzeny, der von Student die Erlaubnis erbeten hatte, daß er und 18 seiner Männer mitfliegen durften, hatte mit der militärischen Durchführung nichts zu tun. Er sollte nach der erwarteten Befreiung des Duce für dessen persönliche Sicherheit sorgen und sich um etwaiges "politisches Gepäck" Mussolinis kümmern (Akten u. dgl.). Skorzeny drängte sich zum Mitflug im "Storch" auf, den Olt. Gerlach schließlich gestattete. Er begleitete Mussolini dann beim Weiterflug nach Wien und meldete die Befreiung Mussolinis zuerst an Himmler. Dieser gab die Erfolgsmeldung an Hitler weiter, wobei er Skorzeny als dessen Befreier nannte. Hitler verlieh Skorzeny spontan das Ritterkreuz, Himmler beförderte ihn zum SS-Sturmbannführer, und Skorzeny galt damit als Retter Mussolinis. Die Legende hat sich – allen historischen Forschungen zum Trotz – bis heute erhalten.
Skorzeny behauptet in seinen Büchern, er sei der Erste bei Mussolini gewesen. Auch dieses stimmt nicht. Zuerst war ein Leutnant mit zwei Jägern der Kompanie von Berlepsch, die den Einsatz durchführte, bei Mussolini. Wir wollen dessen Namen auch heute noch nicht nennen, da er im anderen Teil Deutschlands lebt und Nachteile befürchtet, wenn seine Rolle bekannt wird.

Der "befreite" Mussolini (links mit Stahlhelm Oberleutnant Schulze, ganz rechts LS-Führer Leutnant Meyer-Wehner).

Mussolini "free". (Left in steel helmet 1st Lt. Schulze, far right Lt. Meyer-Wehner).

General Student nach der Befreiung auf dem Gran Sasso (links Ob.Arzt Dr. Krutoff).

General Student on Gran Sasso after the freeing of Mussolini (left Army Doctor Krutoff).

Ramcke bildet nach dem Abfall Italiens aus italienischen Fallschirmjägern, die weiter mit den Deutschen kämpfen wollen, das Fsch.Btl. "Nembo".

After the fall of Italy, Ramcke formed the Para Batt. "Nembo" from Italian paratroopers who still wanted to fight with the Germans.

Nach dem "Kampf um Rom".

After the "Battle of Rome".

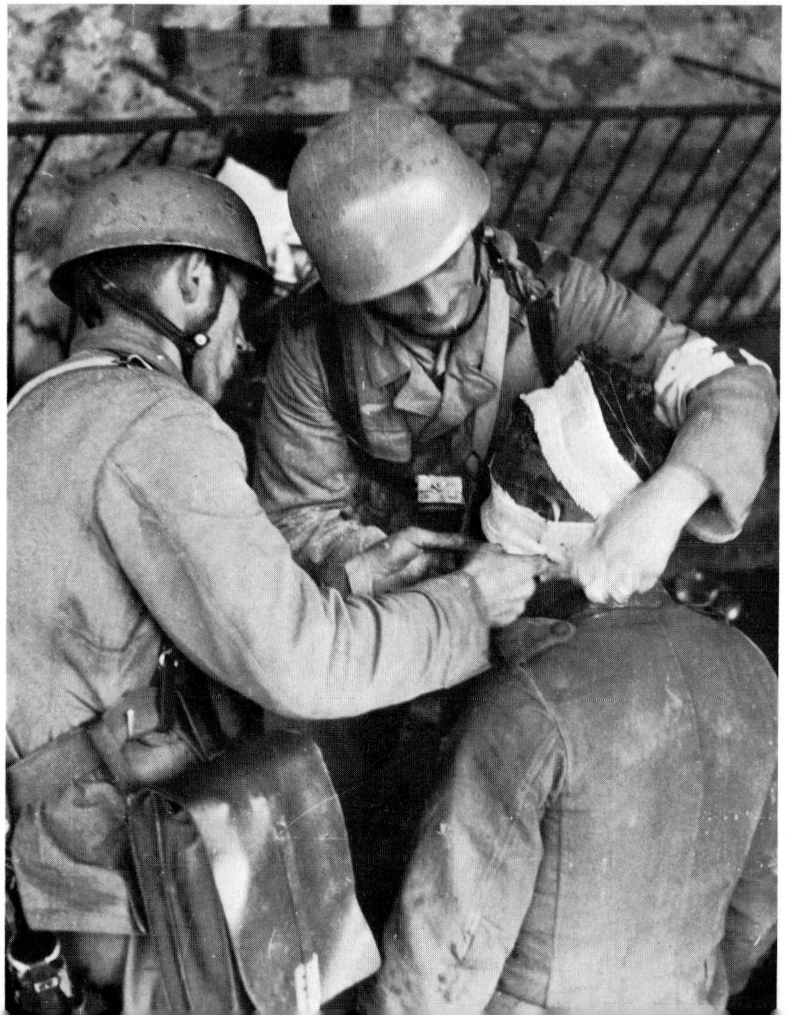

General Trettner (links) bespricht mit Major Genz (Mitte) und Hauptmann Kusche die neuen Stellungen der 4. Division.

General Trettner (left) in conversation with Major Genz (centre) and Captain Kusche about the new positions of the 4th Division.

Major Egger (1. Division) teilt einer Panzerbesatzung die Lage mit. Egger erhielt im Juni 1944 das Eichenlaub zum Ritterkreuz.

Major Egger (1st Division) informing a tank crew of the situation. In June 1944, Egger was awarded oak leaves to his Knight's Cross.

Von Jabos gejagt, unermüdlich unterwegs. Kradmelder vom Div.-Stab der 4. Fsch.Jg.-Div. in Florenz (von links Oberfeldwebel Grabow, Gadegast und Hörig).

Advancing without pause when under fighter-bomber attack. Despatch rider of the Div. Staff of 4th Para Div. in Florence (from left Sgt.Maj. Grabow, Gadegast and Hörig).

Endlich ein ruhiger Tag!

At last a day of peace!

Als die deutschen Truppen am 28. April 1945 am Alpenrand kapitulierten, hatte die 1. Fsch.Jg.Div. 759 Tage in Italien gekämpft, die 4. Fsch.Jg.Div. 462 Tage. Nur ganz wenige Tage lagen diese beiden Divisionen nicht in der Front. Die 2. Fsch.Jg.Div. war in den Tagen des Abfalls Italiens in Kämpfe mit den ehemaligen Bundesgenossen verwickelt.

When, on 28th April 1945, the German forces on the edge of the Alps capitulated, the 1st Para Div. had fought for 759 days in Italy and the 4th for 462 days. They had been away from the front for only a few days in that time. After the fall of Italy, the 2nd Para Div. was involved in fighting with its former allies.

RUSSLAND 1941 BIS 1944

Die überwältigenden deutschen Siege in den großen Kesselschlachten im Osten 1941/42 haben in den Hintergrund gedrängt, daß auch im ersten Kriegswinter an der Ostfront einige Krisen entstanden. So drohte schon im September 1941 die Einschließungsfront von Leningrad südlich des Ladogasees wieder durchbrochen zu werden. Als "Feuerwehr" wurde zunächst das Fsch.Jg.Rgt. 1 vom Übungsplatz Bergen, wo es sich nach Kreta zur Auffrischung befand, im Luftmarsch an diesen Frontabschnitt geworfen. General Student beurteilte diesen Einsatz wie folgt: "Einzeln, wie sie auf dem Flugplatz Ljuban gerade eintrafen, wurden die Btl. an den Krisenpunkten der Front unabhängig voneinander und überhastet eingesetzt. Das bittere Gefühl, als ausgeliehene Truppe unter fremdem Kommando verheizt zu werden, wurde hierbei erstmals in diesen Einheiten empfunden." So verlor das II./Sturm-Rgt. unter Führung des Major Stenzel (es war dem Rgt. 1 anstelle seines eigenen II. Btl. zugeteilt) in dem unzureichend vorbereiteten Einsatz nicht nur den Kommandeur, sondern auch alle anderen Offiziere durch Tod oder Verwundung. Hier begann für die deutschen Fallschirmjäger eine tragische Lage, die sich während der kommenden schweren Kriegsjahre fortsetzte. Für die deutsche Fallschirmtruppe bestand der ganze Rußlandkrieg, der mit seinen überdehnten Fronten zwischen Finnland und Kaukasus die Leistungskraft der Streitkräfte überforderte, praktisch aus solchen "Feuerwehr-Einsätzen".

Gen.Maj. Petersen (links Graf v. d. Schulenburg).

Gen.Maj. Petersen (left Count von der Schulenburg).

An der Front zwischen Ladogasee und Leningrad entlang der Newa wurde nach und nach die ganze 1. Fsch.Jg.Div. eingesetzt. Die Div. wurde von Gen.Maj. Petersen geführt. Er war vom Heer zur Fallschirmtruppe versetzt worden, weil – wohl hauptsächlich vom Chef des Stabes der Luftflotte 4 und vom Kommandierenden General des VIII. Fl.Korps, den Generalen Korten und von Richthofen, – die Ansicht geäußert worden war, die hohen Verluste auf Kreta seien durch eine schlechte Gefechtsausbildung der Fallschirmjäger verursacht worden. Ob diese beiden Fliegeroffiziere mit diesem Urteil ihre Fehlbeurteilung der Lage vor Kreta auszugleichen suchten, sei dahingestellt, jedenfalls bewies das Verhalten seiner Truppe in Rußland dem Gen.Maj. Petersen das krasse Gegenteil, das er auch der Obersten Führung zur Kenntnis gab.

Ein Kriegsberichter schreibt – Original von 1941 – über diesen Einsatz an der Newa:

"Fallschirmjäger vor Leningrad"
Zur Abwehr eingesetzt
Ununterbrochene Kette kühnster Einzeltaten

> Schon in den ersten sechs Wochen ihres neuen Einsatzes haben die vor Leningrad kämpfenden Fallschirmeinheiten fast unglaubliche Heldentaten vollbracht. In dieser Zeit haben sie nicht weniger als 167 Angriffe der Bolschewisten abgewehrt und dabei eine ungeheure Übermacht von rund zwölf Divisionen zerschlagen. . . . in sechs Wochen haben sie 41 Panzerkampfwagen vernichtet, 3.400 Gefangene eingebracht, unzählige Geschütze und Maschinenwaffen aller Art außer Gefecht gesetzt und fünf Kampfflugzeuge mit Infanteriewaffen abgeschossen!"

In diesem Auszug lesen wir nichts von Verlusten, nichts von den 28 Grad Kälte, die schon im Oktober dort herrschte und daß die notwendige Winterbekleidung erst langsam im Anrollen war.
In allen Teilen Rußlands wurden Fallschirmtruppen eingesetzt. Von der Newa im Norden bis zum Mius im Süden, auch vor Stalingrad ging eine Fsch.Kp. (4./Fsch.Fla.MG-Btl.) unter. Was die Fallschirmjäger der Fl.Div. 7, später der 1. und 2. Fsch.Jg.Div. und bei der Verteidigung der deutschen Ostgrenze die 9. und 10. Fsch.Jg.Div. im einzelnen erreichten und erduldeten, das aufzuzählen, würde für unsere Bilddokumentation zu weit führen. Wir müssen uns auf die folgenden Bildseiten beschränken.
Was wir in Bildern naturgemäß nicht zeigen können, was aber nicht in Vergessenheit geraten darf, sind die unsagbaren Leiden, die die Gefangenen – und nicht nur Fallschirmjäger, sondern alle Gefangenen – in russischer Kriegsgefangenschaft erdulden mußten. Sehr viele haben die unerträglichen Verhältnisse in russischen Lagern nicht überlebt. Sie sind an Krankheiten gestorben oder einfach verhungert oder erfroren. Ihre Gräber sind verschollen, wie auch die deutschen Soldatenfriedhöfe in ganz Rußland dem Erdboden gleichgemacht wurden – in unserer Erinnerung leben sie weiter.

Der Soldatenfriedhof bei Demidoff existiert nicht mehr. *The soldiers' cemetry at Demidoff no longer exists.*

Es mußte ein wenig nachgeholfen werden, damit endlich die Winterbekleidung verteilt werden konnte.

Everybody had to help to distribute the winter clothing.

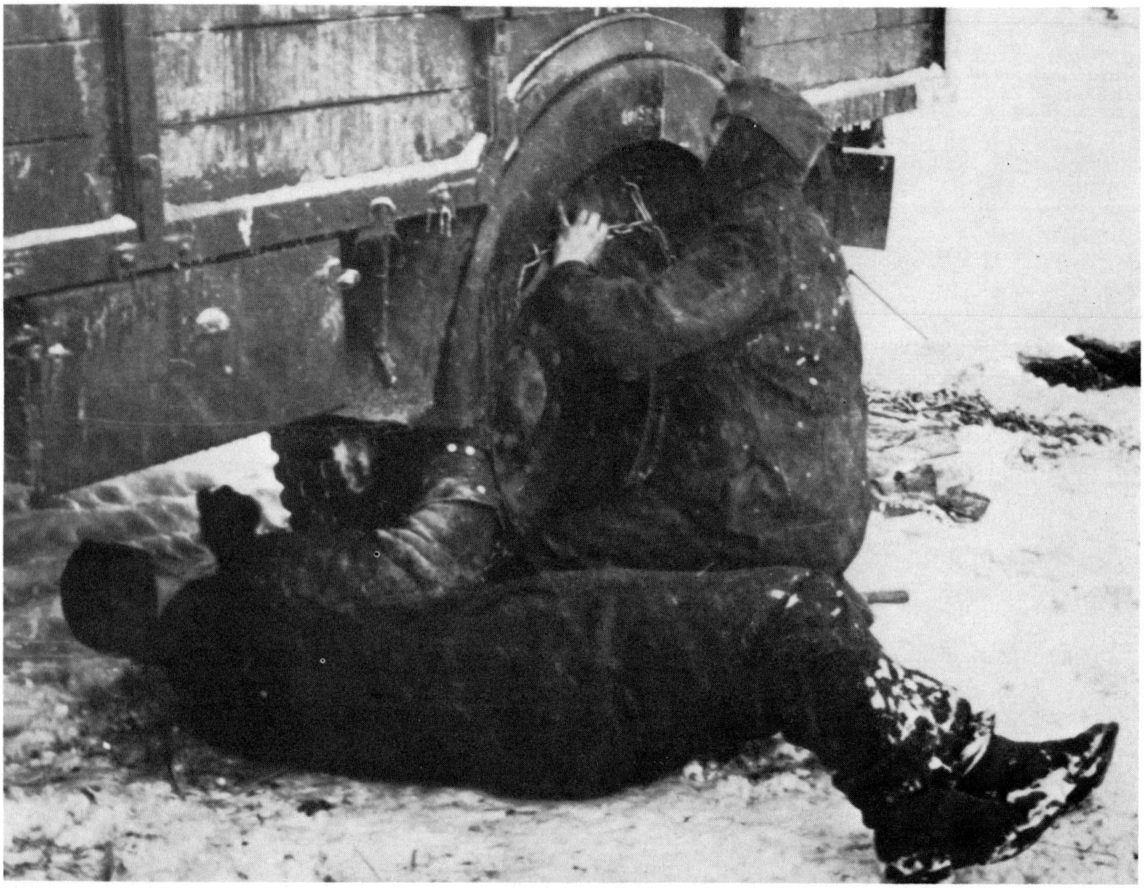

Unergründlicher Schlamm auf den Rollbahnen und in den Stellungen (ein Graben der 11./Fsch.Jg.Rgt. 4 im März 1943 bei Smolensk).

Never ending mud on the roads and in the trenches (a trench of the 11th Coy Para Regt. 4, March 1943 at Smolensk).

Im Sommer plagen die Mücken in einem Gelände, das nur auf Knüppeldamm passierbar ist.

In summer, there was nothing but flies in this terrain which could only be crossed on a log road.

Dr. Pracht mit Mückenschleier am Wolchow (Mai 1942).

Dr. Pracht with mosquito net at Volchov (May 1942).

Der Weg zum Sanitätsbunker des Stabsarztes Dr. von Berg und er selbst (unten) beim "Patientenbesuch".

The path to the medical bunker of Army Surgeon Dr. von Berg and him in person (below) visiting a patient.

Oft wurden auch russische Zivilisten zur Behandlung gebracht.

Russian civilians were often treated.

Angriffsvorbereitung bei Kirowograd, Winter 1943/44.

Preparations for the offensive at Kirovograd, winter 1943/44.

Vormarsch

Marching off.

Bereitstellung

On stand-by.

"Artillerie feuerbereit".

"Artillery ready to fire".

Oberst Kroh gibt letzte Anweisungen.

Colonel Kroh giving the final orders.

Artillerie unterstützt den Angriff – die Wirkung ist furchtbar.

Artillery supporting the attack – its effect was fearsome.

Aus der Geborgenheit treuer Kameradschaft führt ein einsamer Weg ins Lazarett . . . oder in den Urlaub nach Hause.

The reluctance to leave true comradeship for the hospital . . . or for home leave.

Gute Stellungen waren in den Weiten Rußlands besonders wichtig – für beide Seiten.

Good positions were important in Russia – for both sides.

Russische Panzerhindernisse.

Russian tank traps.

Fallschirmjäger beim Stellungsbau.

Paratroopers digging in.

Mit den Panjewagen ist Munition, Verpflegung und Feldpost nach vorne gekommen.

With the supply waggons came ammunitions, food and post to the front.

Das schreckliche Gesicht
des Kampfes
gefangene Russen und
gefallene Russen . . .

*The terrible face of war –
dead and captured Russians.*

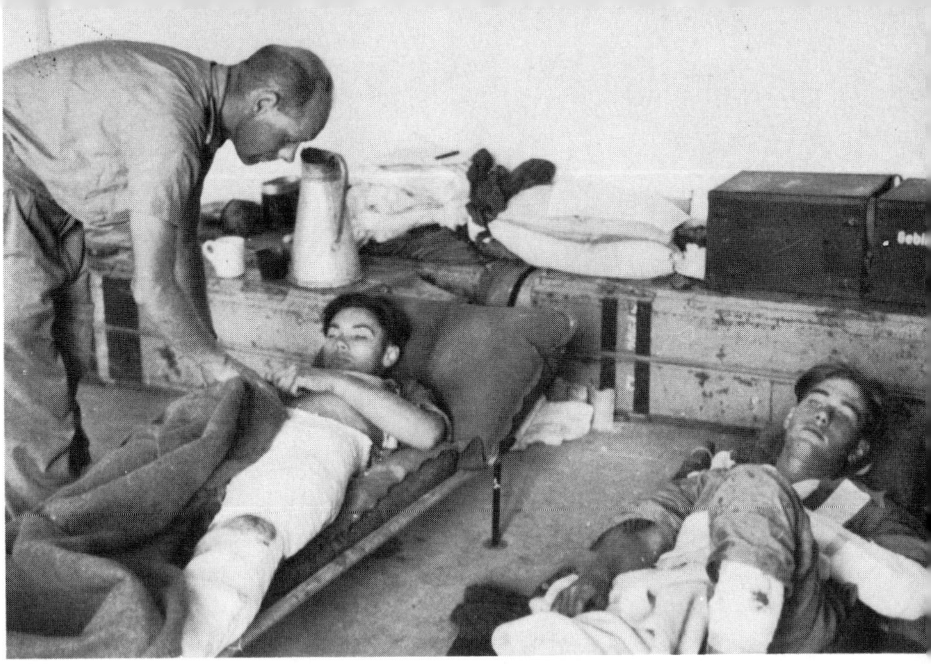

. . . verwundete und gefallene deutsche Soldaten . . .
. . . brennende Dörfer.

Dead and wounded German soldiers . . .
. . . burning villages.

. . . immer wieder abgeschossene Panzer.

. . . and again knocked-out tanks.

Leichtgeschütz-Batterie auf dem Marsch.
Endlich abgelöst!

*A light artillery battery on the march.
Relieved at last!*

Die psychologische Kriegführung der Sowjets war plump. Aber auch das anfänglich häufigere Überlaufen von Russen wurde seltener, nachdem die schlechte Behandlung der Kriegsgefangenen durch SS- und Parteidienststellen bekannt wurde. Die Tätigkeit der Partisanen dagegen hatte erhebliche Erfolge.

The Soviet psychological warfare was crude. But the initial stream of deserting Russians became a mere trickle once the harsh treatment they got from SS and Party officials became known. On the other hand, actions by the partisans had much success.

Ein in die Luft gesprengter Güterzug.

A train blown up into the air.

Weihnacht im Bunker bei Klimjati.

Christmas in a bunker at Klimiati.

Oberst Schulz läßt sich einweisen.

Colonel Schulz introducing himself.

Oberst "Hanne" Kroh und
Oberstl. Piezonka.

Colonel "Hanne" Kroh and
Lt. Colonel Piezonka.

Landung
Landing

Ausladen
Unloading

Zur Entlastung der eingeschlossenen Stalingrad-Armee wurde die 5. (überschwere) Fsch.Fla.MG-Kp. (Oberleutnant Maurer) im Luftmarsch herangeführt und in der Steppe bei Kalatsch gelandet. Sie ging in den nachfolgenden schweren Gefechten unter.

To relieve the army surrounded in Stalingrad, the 5th (superheavy) Para AA MG Coy (1st Lt. Maurer) was flown in and landed on the Steppe at Kalatch. It was wiped out in the consequential heavy fighting.

Gefangene
Prisoners

Begegnung in der Steppe.
Encounter in the steppe.

Im Panzergraben vor Stalingrad vor dem Angriff auf Orlowka.

In a tank trench before Stalingrad prior to the attack on Orlovka.

Fallschirmjäger auf dem Rückzug.

Paratroopers on the retreat.

"Von einer Sehnsucht war in Briefen nach Hause nicht die Rede, dazu lag das normale Leben viel zu fern – so unendlich weit, daß sie nicht wußten, was sie schreiben sollten. Sie waren der gewohnten Welt, die sie sonst umgab, entrückt, nur auf ihr bißchen Leben oder Sterben irgendwo im weiten Rußland eingeengt."

(Aus einem Feldpostbrief)

"There was nothing in letters home to show homesickness, home was too far away – so far, that they didn't know what they should write. They were cut off from the normal world which was otherwise around them and only had that small time to live or die in Russia". (From a soldier's letter)

DEM ENDE ENTGEGEN

Schon 1943 nach Stalingrad deutete sich eine Wende der Kriegslage an. Nach dem Verlust Afrikas und der geglückten Landung in Italien begannen auch in Rußland die Rückzüge. – Auf See schmolzen die Erfolge der deutschen U-Boote: wurden 1942 noch 6 Millionen BRT feindlichen Schiffsraums versenkt, so waren es 1943 nur noch 2,5 Millionen BRT. – Die Feindflieger warfen 1942 rund 40.000 Tonnen Bomben auf das Reichsgebiet ab, 1943 waren es über 200.000 Tonnen und 1944 gar über 1 Million Tonnen. Der Kampf an der Front überforderte die Luftwaffe, sie konnte nicht auch noch die Heimat wirksam schützen. Das riesige Potential der USA an Menschen und Material wurde jetzt voll wirksam, die Überlegenheit der Gegner wuchs von Tag zu Tag.
Hitler wollte das nicht wahrhaben. Er jonglierte mit Divisionen, als ob sie noch voll kampfkräftig seien, dabei hatten sie oft keine 2.000, keine 1.000 Mann mehr, kaum Panzer, wenig Munition. Was an Kampfkraft fehlte, suchte er durch Ideologie zu ersetzen: Immer sinnlosere Durchhaltebefehle an die Front führten zu immer höheren Opfern – "NS-Führungsoffiziere" wurden zur Truppe geschickt – die Herrschaft der Diktatur wurde immer drückender – der Diebstahl eines Feldpostpäckchens wurde mit dem Tode bestraft!
Aber auch die Gegner verschärften die ideologische Kriegführung. Als sie zu ihrem "Kreuzzug in Europa" antraten, hinderte sie diese moralische Losung nicht, den Krieg grausam gegen Frauen und Kinder zu führen. Das von Flüchtlingen überfüllte Dresden war kein militärisches Bombenziel, sondern Ziel eines Terrorangriffs, der die Zivilbevölkerung treffen sollte. Churchill und sein Luftmarschall Harris haben dies klar ausgesprochen. Das Dürerhaus in Nürnberg, das Goethehaus in Frankfurt, die Museen in Berlin wurden durch Bomben zerstört. Krieg zerstört eben auch Moral . . . die Lage änderte sich dadurch nicht.

Als am 6. Juni 1944, am bekannten "D-Day", die Landung einer mächtigen alliierten Armada in Frankreich erfolgte und nicht eingedämmt werden konnte, waren die Würfel gefallen. An diesem Tag flog die deutsche Luftwaffe 391 Angriffe gegen die Landungen, die Alliierten konnten 14.700 Einsätze dagegensetzen. Trotz solcher Luftüberlegenheit und trotz der großen Überlegenheit an Panzerfahrzeugen, kämpften die deutschen Truppen erbittert. Unter ihnen auch die Masse der deutschen Fallschirmjäger.
Die 2. Fsch.Div. stand in der Bretagne, mußte sich nach Brest zurückziehen und verteidigte die Festung, bis sie am 19. September keine Munition mehr hatte und kapitulieren mußte. General Ramcke geht mit seiner 2. Division in Gefangenschaft.
Nach der Invasion leistete die 6. Fsch.Div. in der Normandie den Gegnern heftigen Widerstand. Und immer wieder mußte sie selbst ihre Fallschirmregimenter zu "Feuerwehr-Einsätzen" an andere Truppenteile abgeben. Schließlich wird sie bei Mons von amerikanischen Panzern eingeschlossen und hörte auf zu bestehen. Ihr Kommandeur war Gen.Maj. von Heyking. Unter Gen.Maj. Plocher wird diese Division im deutsch-holländischen Grenzgebiet sofort wieder neu aufgestellt und in den Kampf geworfen. Sie hält sich, bis sie am 8. Mai südlich des Ijsselmeers entwaffnet wird. Ganz ähnlich dem Schicksal dieser Division ist das der 3. und 5. Fsch.Div., die von Gen.Lt. Wilke und Gen.Lt. Schimpf geführt werden. Auch diese Divisionen wurden immer wieder aufgespalten und in stetigem Einsatz so abgenutzt, daß auch sie "aufgefrischt" werden mußten. Bei Kompaniestärken von 15 oder 18 oder, wenn es mal hoch kam, 25 Mann vor der Auffrischung, kam dieses einer Neuaufstellung praktisch gleich. Über die Ergänzungs- und Ersatzeinheiten wurden geeignete, meist aber völlig unausgebildete Leute den Divisionen zugeführt. Kaum hatten sie ein Gewehr in der Hand, kaum wußten sie, wie die Kameraden in der Gruppe hießen, da ging es schon wieder ins Gefecht. Es gab keine solide Waffenausbildung mehr und Gefechtsausbildung schon gar nicht.

Neben der Auffrischung bzw. Neuaufstellung der vorgenannten 2., 3., 5. und 6. Fsch.Div. wird vom Oberbefehlshaber der Luftwaffe Ende September 1944 auch noch die Neuaufstellung einer 7. bis 10. Fallschirmdivision befohlen. Die 7. (Gen.Lt. Erdmann) und 8. Div. (Gen.Lt. Wadehn) verbleiben im Befehlsbereich General Students, der als Oberbefehlshaber der 1. Fsch.Armee noch einmal einen beachtlichen Erfolg erringt, als die alliierten Fallschirmtruppen – übrigens ganz ähnlich dem deutschen Einsatz 1940 in Holland – in weiträumigem Sprungeinsatz die Brücken über Maas, Waal und Rhein südwestlich von Arnheim nehmen wollten.

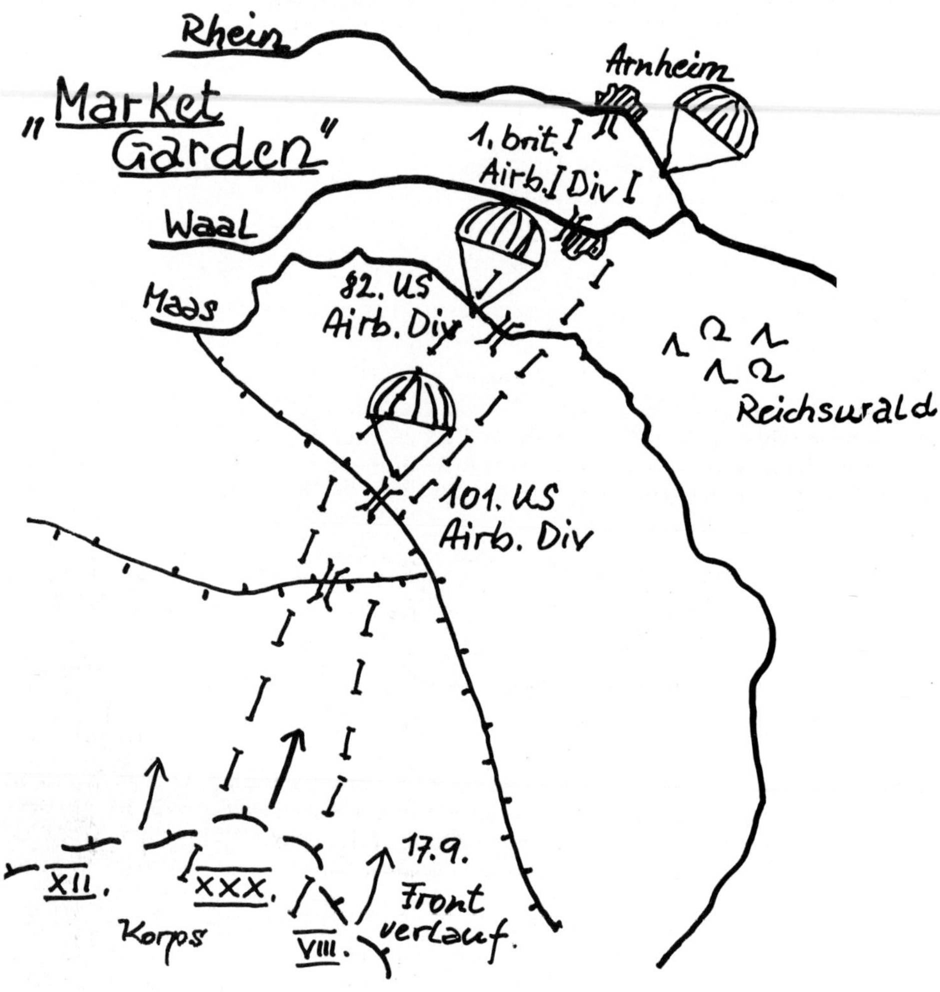

Und noch eine weitere merkwürdige Parallele zum Hollandangriff 1940 ist bemerkenswert: In Holland geriet ein Einsatzbefehl zu dem Unternehmen während der Vorbereitungszeit in die Hand des Gegners und hier, 1944, wurde der Einsatzbefehl aus einem abgeschossenen britischen Waco-Lastensegler gleich anfangs erbeutet. Wenige Stunden nach den ersten Landungen lag er auf dem Tisch bei General Student. – Der 50 Kilometer lange Schlauch entlang der Brücken konnte zwar nicht abgeschnitten werden, aber seine Spitze, die britische 1. Airborne Division, wurde vernichtet. Von rund 10.000 Mann gelang nur 2.400 der Ausbruch aus dem Kessel, in dem sie eingeschlossen waren.

Als das Fsch.AKO 1 in den letzten Märztagen aus Dinxperlo rückwärts verlegt wurde, nutzte General Student die Fahrt zu einem Frontbesuch bei der 7. Fsch.Div. Ich begleitete den General, der auf einem Krad im Beiwagen saß (ein anderes Fahrzeug stand nicht einmal für den Oberbefehlshaber einer Armee zur Verfügung!). Die Lage war ziemlich unklar. Als wir uns in einer Waldschneise langsam gegen den nahen Gefechtslärm vortasteten, stand plötzlich der Div.Kdr. Gen.Lt. Erdmann vor uns. Er meldete Student, daß wenige hundert Meter von hier soeben zwei Panzer abgeschossen seien. "Geben Sie uns bald die Namen der Schützen, damit sie belohnt werden", sagte Student. Darauf Erdmann: "Aber Herr General, die habe ich selbst abgeschossen!" Diese Episode mag zeigen, wie ungeordnet die Kampftätigkeit damals wurde, wenn ein Divisionskommandeur persönlich zur Panzerfaust greifen mußte!

Die einsatzbereite Kampfbereitschaft der Fallschirmtruppe hat in der Nachkriegszeit hier und da zu Vorwürfen geführt, daß die Fallschirmjäger "besonders hitlertreue Kriegsverlängerer" gewesen seien. Dazu beigetragen hat wohl auch ihre Entstehung aus dem "Regiment General Göring" und die Zusammenarbeit 1937 mit dem SA-Regiment "Feldherrnhalle". Wer aber die Truppe intimer kennt, weiß, daß dies nicht der Fall war. Zahlreiche Fälle von Ärger mit der NSDAP und vor allem die Art der Erledigung beweisen, daß die Führer der Fallschirmtruppe der Partei gegenüber außerordentlich selbstbewußt gehandelt haben. Auch die von Hitler der Wehrmacht befohlenen "NS-Führungsoffiziere" hatten in der Fallschirmtruppe nichts zu sagen. Ganz unbelastet und ohne ihre alte Truppe jemals zu verleugnen, sind daher eine ganze Reihe früherer Fallschirmjäger nach dem Zusammenbruch bis in Spitzenstellungen des neuen demokratischen Staates aufgerückt. Der bayerische Staatsminister Stain, der Generalinspekteur der Bundeswehr, Trettner, der international bekannte Staatsrechtler Prof. von der Heydte, sind dafür Beispiele. Aber zurück zu den schweren Kämpfen der Zeit vor dem Ende.

Ein letzter, verzweifelter und von der Obersten Führung völlig ungenügend vorbereiteter Sprungeinsatz der deutschen Fallschirmtruppe erfolgte im Rahmen der Ardennen-Offensive am 17. Dezember 1944. Eine Kampfgruppe unter Oberstlt. von der Heydte, die kurz zuvor aus den verschiedensten Einheiten zusammengestellt war, und von Transportfliegern, die z. T. noch nicht einmal Verbandsflug bei Tage geflogen waren, sollte in einem nächtlichen Anflug bei Verviers am Hohen Venn springen. Weder die Truppe – etwa 1.200 Mann – noch die Flieger waren ausbildungsmäßig zu einem solch schwierigen Einsatz in der Lage. Die Pannen, die die Vorbereitung des Einsatzes begleiteten, setzten sich bis zum Absprung fort: Nach dem Absprung fanden sich nur etwa 350 Mann bei v. d. Heydte zusammen. Weit verstreut waren die Springer abgesetzt worden, die Waffenbehälter konnten nicht gefunden werden. Die kleine Gruppe um den Kommandeur erhielt keinen Nachschub, und als die Munition zu Ende ging, löste v. d. Heydte seine Kampfgruppe auf mit dem Befehl, die Leute sollten versuchen, sich in kleinen Gruppen zur eigenen Front zurück durchzuschlagen. Einigen gelang dies sogar, von der Heydte geriet in Gefangenschaft.

Oberstleutnant Frhr. v. d. Heydte

Im Februar wurde die 9. Fsch.Div. – sie wurde zunächst von Gen.Lt. Wilke, dann von General Bräuer und endlich von Oberst Herrmann geführt – an die Ostfront beordert. Auch hier waren die Rgt. meist anderen Verbänden unterstellt, so daß die Div. erst im April an der Oder zusammengefaßt war. Gegen eine Übermacht, die bei der Infanterie 1 : 6, bei Panzern 1 : 20 betrug, wurde die Division zurückgedrängt, später aufgespalten. Oberst Herrmann ging mit einigen Restteilen auf Berlin zurück und mußte am 2. Mai mit seinen Männern den bitteren Weg in russische Gefangenschaft gehen. – Zwei Btl. dieser Division, je eines der Rgt. 26 und 27, wurden zur Verstärkung der Verteidigung in die Festung Breslau eingeflogen. Sie mußten am 6. Mai mit der Festungsbesatzung kapitulieren.

Die 10. Fsch.Div. unter Oberst i. G. von Hofmann (aus den geschwächten in Italien kämpfenden Div. aufgestellt) wird Anfang April 1944 nach Österreich geworfen und kämpft sich vor überlegenen sowjetischen Kräften nach Krems zurück. Von dort gingen zwei Regimenter nach Brünn, das andere Regiment donauaufwärts. Was nicht in russische Gefangenschaft geriet und von den Amerikanern gefangengenommen wurde, wurde von diesen an die Russen ausgeliefert! Oberst von Hofmann, bei Brünn verwundet, starb im Lazarett.

Auch noch eine 11. Fsch.Div. wurde sechs Wochen vor dem Kriegsende aufgestellt und neben der 7. Fsch.Div. im Raum südlich Oldenburg eingesetzt. Ihr Kommandeur wurde Oberst Gericke. Angelehnt an die Wasserläufe wehrte sie viele Panzerangriffe der Briten und Kanadier ab und ging am 8. Mai im Raum von Varel in britische Gefangenschaft.

Am 8. Mai endete der Krieg, der 2.076 lange Tage gedauert hat. Für die meisten Fallschirmjäger begann eine neue Leidenszeit in den Gefangenenlagern auf der ganzen Welt: In den USA, in Kanada, in Afrika, auf dem Balkan, in Frankreich und vor allem in den mörderischen sowjetrussischen Lagern. Für viele dauerte diese Leidenszeit länger als der Krieg. So kehrte Oberst Schirmer, um aus der Vielzahl nur ein Beispiel zu nennen, erst am 16. Januar 1956 – fast elf Jahre nach Kriegsende! – zurück. Er konnte nicht einmal in die Heimat gehen, sie lag im anderen Teil Deutschlands.

Generaloberst Student und Generaloberst Dollmann im U-Boot-Hafen Brest vor der alliierten Invasion. (Rechts hinter Student Major Genz.)

Colonel General Student and Colonel General Dollmann in the Submarine Base at Brest prior to the allied invasion. (Behind right of Student, Major Genz).

Mit besorgter Mine schreitet Generaloberst Student im März 1945 die Front einer Ersatz-Kp. in Stendal ab. (Links Oberstleutnant Ostermeier, Kdr. des Ers.-Btl.) – Kurze Zeit später wurde Stendal, die alte Fsch.Jg.-Garnison von der US-Armee besetzt.

With a troubled heart, Colonel General Student paces along the front line of a reserve company in March 1945 in Stendal. (Left, Lt.Col. Ostermeier, CO of the res. batt.). Only a short time later, the US Army occupied Stendal, the former Para depot.

Nach Aufstellung der 3. Fsch.Jg.Div. wird sie von Feldmarschall Sperrle besichtigt (vorn Generalleutnant Wilke, der Kommandeur der Division).

Field Marshal Sperrle inspecting the 3rd Para Div. shortly after its raising. (Front Lt.Gen. Wilke, CO of the division).

Der letzte Kdr. der 5. Fsch.-Jg.Div., Oberst Heilmann, besichtigt das Fsch.Jg.-Rgt. 13 (links Hauptmann Disselhoff und Major Wahl).

The last CO of the 5th Para Div., Colonel Heilmann, inspecting Para REgt. 13 (left Capt. Disselhoff and Major Wahl).

Generalleutnant W. Erdmann, Kdr. 7. Fsch.Jg.Div. Er schoß in den turbulenten Tagen der letzten schweren Gefechte höchstpersönlich zwei US-Panzer mit der Panzerfaust ab. In Schleswig-Holstein in amerikanische Gefangenschaft gekommen, setzt der General seinem Leben selbst ein Ende.

Lt.General W. Erdmann, CO of 7th Para Div. He personally knocked-out two American tanks in the last heavy fighting using a "Panzerfaust". He was taken prisoner in Schleswig-Holstein by the Americans and took his own life.

5 cm Pak in gut getarnter Feuerstellung am Rhein. Ein Geschütz der 6. Fsch.Div.

5 cm A/T gun under camouflage on the Rhine. In the 6th Para Div.

Die feindliche Artillerie war – im Osten wie im Westen – der unseren zahlenmäßig immer überlegen.

The enemy artillery – on both the Eastern and Western front – always outnumbered that of the Germans.

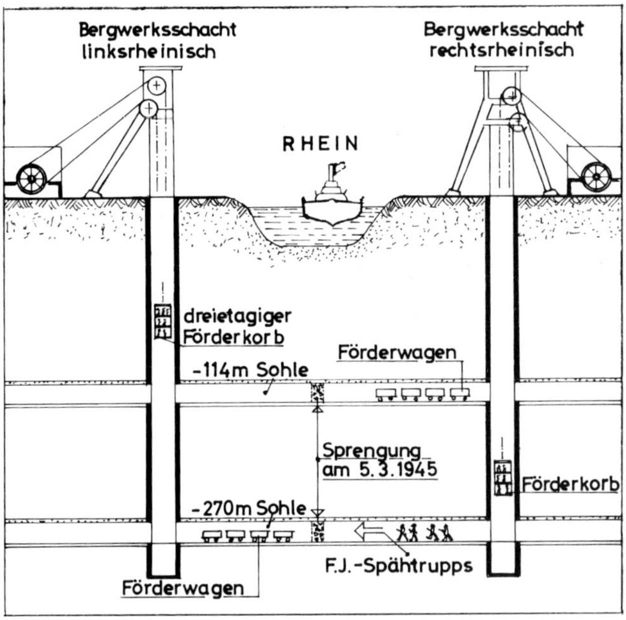

Phantasie und Einfallsreichtum charakterisieren die Fallschirmtruppe auch im Endkampf um das Reich: Spähtrupps unter dem Rhein hindurch durch Kohleschächte!

Fantasies and imagination were still the characteristics of the paratroopers, even at the end of the Reich: reconnaissance troops under the Rhine through coal shafts!

An allen Fronten die große Plage: Läuse!

A plague on all fronts: Lice!

Die Forderung nach bedingungsloser Kapitulation, der sinnlose Luftterror, das Verhalten der russischen Truppen mit Mord, Vergewaltigung und Plündern, stärkte den Widerstandswillen der deutschen Truppen. Tag und Nacht gingen die Kämpfe unerbittlich weiter.

The demand for unconditional surrender, the senseless air attacks, the behaviour of the Russian soldiers with looting, rape and killing strengthened the will to fight in the German soldiers. Day and night, the fight went on relentlessly.

Nun brannten auch deutsche Dörfer.

German villages were burning now too.

Generalleutnant Plocher, Kdr. 6. Fsch.Jg.Div. ab September 1944.

Lt. General Plocher, CO of 6th Para Div. from September 1944.

Zerstörtes russisches Vierlings-MG.

A destroyed Russian quad MG.

Gefallene Sowjets in einem Graben des Ostpreußen-Riegels, der von Fallschirmjägern im Gegenstoß zurückerobert worden ist.

Dead Russians in a trench in the East Prussian defences. It was recaptured by paratroopers in a counter-attack.

Gefangene Russen.

Russian prisoners.

Im Kampf um die Heimat.

Defending their homes.

Bis zum 8. Mai 1945 kämpften deutsche Soldaten um ihre Heimat gegen einen fünf- bis zehnfach überlegenen Gegner.

To 8th May 1945, the German soldiers defended their homes against an enemy five to ten times stronger.

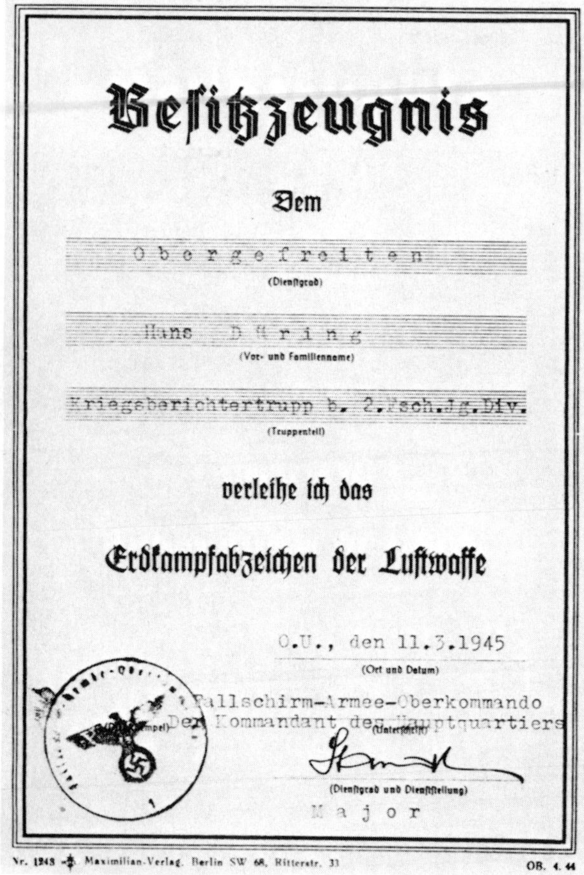

Besitzzeugnis

Dem

Obergefreiten

(Dienstgrad)

Hans Düring

(Vor- und Familienname)

Kriegsberichtertrupp b. 2.Fsch.Jg.Div.

(Truppenteil)

verleihe ich das

Erdkampfabzeichen der Luftwaffe

O.U., den 11.3.1945

(Ort und Datum)

Fallschirm-Armee-Oberkommando
Der Kommandant des Hauptquartiers

(Unterschrift)

(Dienstgrad und Dienststellung)

Major

Nr. 1943 Maximilian-Verlag, Berlin SW 68, Ritterstr. 31 OB. 4. 44

Generalmajor Plocher und Major Witzig am 20. Februar 1945 auf der Straße von Kalkar nach Kleve.

Maj. General Plocher und Major Witzig on the road from Kalkar to Kleve on 20th February 1945.

General Schimpf, Kommandeur der 3. Fsch.Div., läßt sich vom Regiments-Kommandeur berichten.
General Schimpf, commander of the 3rd Para Div. receiving a report from the regimental CO.

Pioniere verlegen Panzerminen.

Engineers laying A/T mines.

Am letzten Kriegstage kämpften Fallschirmjäger noch in Schleswig-Holstein, in Kurland, in Österreich, Sachsen und Schlesien, bis in der Nacht vom 8. zum 9. Mai 1945 der Kampf eingestellt wurde.

During the last days of the war, paratroopers were still fighting in Schleswig-Holstein, on the Baltic, in Austria, Saxony and Silesia until the ceasefire during the night of 8th to 9th May 1945.

Der Kampf um die letzten Bastionen – hier in Berlin –, dann gehen die Überlebenden in Gefangenschaft.

The fight for the last bastions – this one is Berlin – the survivors were taken prisoner.

62.756 deutsche Fallschirmjäger haben ihr Leben für ihr Vaterland geopfert. Bei 8.307 von ihnen konnten die Umstände des Todes noch nicht geklärt werden, sie gelten bis heute als vermißt. Sie alle sind uns unvergessen.

62,756 German paratroopers sacrified their lives for their country. In 8,307 cases, the circumstances of their death are still not clear and to today they are still counted as missing. They are not forgotten.